Rüdiger Hinsch, Simone Wittmann

Auf andere zugehen

Kommunikationstraining

Rüdiger Hinsch, Simone Wittmann

Auf andere zugehen

Kommunikationstraining

Urania

Gleichzeitig erschienen im Urania Verlag:

Die Autoren:
Dr. Rüdiger Hinsch und Dr. Simone Wittmann sind Diplom-Psychologen und arbeiten an der Universität Potsdam. Dr. Hinsch hat bereits ein ausführliches Gruppentraining sozialer Kompetenzen vorgelegt, das seit Jahren bei Trainern und Therapeuten erfolgreich eingesetzt wird. In diesem Buch bietet er Laien die Gelegenheit, seine Trainingsmethoden kennenzulernen und zu erproben.

Die Deutsche Bibliothek – CIP-Einheitsaufnahme
Hinsch, Rüdiger: Auf andere zugehen: Kommunikationstraining /
Rüdiger Hinsch; Simone Wittmann. – Berlin: Urania, 1997
ISBN 3-332-00599-5

ISBN 3-332-00599-5

Umschlaggestaltung: S/L Kommunikation
Lektorat Dr. Marianne Jabs
Gestaltung und Satz: Typografik & Design – Ingeburg Zoschke
Druck und Binden: Druckerei zu Altenburg
Printed in Germany
Gedruckt auf alterungsbeständigem Papier mit chlorfrei gebleichtem Zellstoff.

Inhaltsverzeichnis

Situationen Typ 2: Beziehungssituationen 98

Vorwort

Dieses Buch beruht auf einem Trainingsprogramm, welches der erste der auf dem Umschlag genannten Autoren zusammen mit Ulrich Pfingsten zu Beginn der achtziger Jahre entwickelt hat. Dieses Programm wurde anfangs vor allem mit Gruppen durchgeführt, deren Mitglieder besonders selbstunsicher waren. Es hat inzwischen weite Verbreitung gefunden – das Handbuch für Trainer wird noch in diesem Jahr in dritter Auflage erscheinen – und liegt auch in Varianten für bestimmte Personengruppen vor, z.B. für Eltern, Lehrer und Führungskräfte.

Wir selbst haben dieses Training viele Male durchgeführt. Fast alle Teilnehmer erklärten uns, daß sie danach eine deutliche Steigerung ihrer sozialen Kompetenz und Selbstsicherheit sowie der Zufriedenheit mit sich selbst verzeichneten. Wie wir in Untersuchungen feststellen konnten, waren diese positiven Effekte auch zwei Jahre nach Beendigung des Trainings im gleichen Ausmaß vorhanden. Wenn man in Rechnung stellt, daß unser Training nur knapp 20 Stunden umfaßt, ist das ein sehr erfreuliches Ergebnis.

Schon lange gab es daher die Idee, den Nutzen des Programms auch denen zukommen zu lassen, die nicht an einem »richtigen« Trainingsprogramm teilnehmen wollen oder können. Leider ist der Weg von der Idee zur Umsetzung einer Idee nicht ganz einfach. Vor allem ist er mit viel Arbeit verbunden. Über Jahre hinweg ist es daher bei der Idee geblieben, nicht nur aufgrund von Faulheit oder Trägheit, sondern natürlich auch wegen vieler anderer Aufga-

ben, die erledigt sein wollten. An diesem Zustand hätte sich wahrscheinlich auch weiterhin nichts verändert, wenn nicht der Urania Verlag in Person unserer Lektorin Frau Dr. Jabs an uns herangetreten wäre und uns mit viel Freundlichkeit und Hartnäckigkeit (man könnte auch sagen: mit viel sozialer Kompetenz) davon überzeugt hätte, daß dieses Vorhaben endlich in Angriff genommen werden sollte.
Nun ist das Buch fertig, und wir sind erst einmal zufrieden und stolz. Am schwierigsten war für uns, all das, was in einer Trainingsgruppe im Dialog abläuft, in einen fortlaufenden Text umzusetzen, denn dabei findet die Kommunikation zwangsläufig immer als »Einbahnstraße« statt. Wir hoffen natürlich, daß uns diese Umsetzung gelungen ist. Wie gut, müssen Sie entscheiden. Wir wären dankbar, wenn Sie uns Anregungen oder Kritik mitteilten.

Dr. Rüdiger Hinsch
Dr. Simone Wittmann
Nibelungenstr. 18
14109 Berlin
Tel. 030 – 80402437
Fax 030 – 80402438
eMail: RHinsch@t-online.de
http://home.t-online.de/home/rhinsch

Die mit Sternchen * markierten Abschnitte entnehmen wir dem Buch von Rüdiger Hinsch / Ulrich Pfingsten: Das Gruppentraining sozialer Kompetenzen (GSK), Psychologie Verlags Union Weinheim 3. Aufl. 1997.

anderem ihren Gefühlszustand charakterisieren. Das Ergebnis war, daß die Studenten der ersten Gruppe ihre durch die Injektion erzeugte Erregung eher als *Ärger*, die der zweiten Gruppe dagegen eher als *Freude* oder *Fröhlichkeit* interpretierten. Auch hier zeigt sich wieder deutlich, wie sehr die kognitive Bewertung das beeinflußt, was wir fühlen (oder besser: was wir meinen zu fühlen).

Ein weiteres Beispiel liefern Experimente zur Prüfungsangst. Hier verabreichte man z. B. prüfungsängstlichen Studenten vor der Prüfung jeweils ein Placebo (ein Schein-Medikament ohne Wirkung) und erklärte der einen Gruppe, daß diese Pille zu einer gewissen Erregung führe. Der anderen Gruppe sagte man dagegen, die Pille habe eine beruhigende Wirkung. Anschließend absolvierten die Studenten die Prüfung. Raten Sie jetzt einmal, welche Gruppe die Prüfungen besser absolviert hat!

Entscheidend ist also nicht der objektive Erregungszustand, sondern die kognitive Bewertung dieses Zustands.

Nach unserer Erfahrung vermuten die meisten Menschen, denen man von diesem Experiment erzählt, daß diejenigen Studenten die besseren Prüfungsleistungen zeigten, die das Placebo mit der vorgeblich beruhigenden Wirkung bekommen hatten. In Wahrheit war es genau andersherum. Bessere Prüfungsleistungen zeigten die Studenten, denen man gesagt hatte, daß das Medikament ihr Erregungsniveau erhöhen würde. Wie kann man das erklären? Die Erklärung ergibt sich aus dem bisher Dargelegten: Angst äußert sich physiologisch in einem Erregungszustand. Die Studenten, die das Placebo mit der »erregenden« Wirkung bekommen hatten, konnten ihren objektiv vorhandenen Erregungszustand mit der Wirkung der Pille erklären und mußten nicht auf die Prüfungsangst als Ursache zurückgreifen. Entscheidend ist also nicht der objektive Erregungszustand, sondern die kognitive Bewertung dieses Zustands.

Kommunikation – was ist das?

Einerseits erleben wir uns als einzigartig (eben als »Ich«), andererseits sind wir eingebettet in ein Netz sozialer Beziehungen, von dem wir abhängig sind.

Wir alle leben in einem Geflecht sozialer Beziehungen. Von klein auf hat uns dieses Netz – bestehend aus den relevanten Bezugspersonen (Eltern, Geschwister, Freunde, Verwandte, Mitschüler, Lehrer, Kollegen etc.) – geprägt, hat unser Verhalten, unsere Einstellungen beeinflußt und schließlich zu dem geführt, was Sie und ich als unsere eigene unverwechselbare Persönlichkeit betrachten. Sicher sind wir nicht nur ein Produkt unserer sozialen Beziehungen. Unsere genetische Ausstattung und die materiellen Bedingungen haben ebenfalls ihren Einfluß, aber auch diese entfalten ihrer Wirkung in aller Regel erst durch die Auseinandersetzung bzw. das Zusammenwirken mit der sozialen Umwelt.
Einerseits erleben wir uns also als einzigartig (eben als »Ich«), andererseits sind wir aber auch eingebettet in ein Netz sozialer Beziehungen, von dem wir relativ abhängig sind. Auch wenn wir mit einem starken Selbstbewußtsein ausgestattet sind, sind wir nicht unabhängig von diesem Netz, sondern befinden uns im Gegenteil in einer starken Abhängigkeit. Niemand kann auf Dauer wirklich allein sein. Die Eremiten sind kein Gegenbeispiel, sondern eher ein Beleg für die Richtigkeit dieser These. Es gibt gute Gründe, die ihnen zuteil gewordenen Erleuchtungen als Halluzinationen zu betrachten, die durch die soziale Isolierung ausgelöst wurden.

Obwohl wir also von klein auf daran gewohnt sind, in sozialen Beziehungen zu leben, sind doch gerade diese für viele Menschen eine Quelle von Problemen. Auch wenn man von den wirklich therapiebedürftigen Fällen absieht, in denen sich jemand z. B. überhaupt nicht mehr aus der Wohnung traut (wobei solche Fälle leider gar nicht so selten sind), haben doch die meisten Menschen bestimmte Schwierigkeiten im sozialen Bereich:

- Manche schaffen es nicht, ihre Interessen durchzusetzen, selbst wenn diese – objektiv betrachtet – völlig legitim sind.
- Manche sind für ihre Umwelt eine Belastung, weil sie sehr schnell in Wut geraten und dann anderen Menschen aggressiv gegenübertreten.
- Manche sind nicht in der Lage, ihre Gefühle so zum Ausdruck zu bringen, daß ihr Partner sie versteht.
- Andere sind so »rücksichtsvoll«, daß sie oft die Unwahrheit sagen, weil sie meinen, die Wahrheit könnte den Partner verletzen.
- Wieder andere sind nicht in der Lage, zu einer anderen Person, die sie gern näher kennenlernen möchten, einen Kontakt herzustellen, geschweige denn eine Beziehung aufzubauen.

Wenn Sie zu allen diesen Problemen aus ehrlichem Herzen sagen können, daß Sie sie überhaupt nicht haben, dann sind Sie – zumindest in dieser Hinsicht – ein wahrhaft perfekter Mensch. Aber solche perfekten Menschen gibt es selten. Die meisten von uns werden wohl in einem oder mehreren der oben angesprochenen Bereiche ihre Schwierigkeiten haben.

Wenn Sie jetzt das Buch noch nicht beiseitegelegt haben, gehen wir davon aus, daß auch Sie zu denen gehören, die in dem einen oder anderen Punkt gewisse Probleme haben. Wir wollen versuchen, im folgenden hierfür Lösungen zu erarbeiten.

Wie möchten Sie gern werden?

Möchten Sie mehr Selbstvertrauen, mehr Selbstbewußtsein oder eine bessere Selbstwahrnehmung? Möchten Sie Hemmungen ablegen, oder möchten Sie einfach in dem sozialen Beziehungsnetz, in dem Sie sich bewegen, erfolgreicher sein?

Bevor wir jedoch weitermachen, sollten wir uns erst einmal die Frage stellen, wohin wir wollen. Möchten Sie mehr Selbstvertrauen, mehr Selbstbewußtsein oder eine bessere Selbstwahrnehmung? Möchten Sie evtl. vorhandene Hemmungen ablegen, oder möchten Sie einfach in dem sozialen Beziehungsnetz, in dem Sie sich bewegen, erfolgreicher sein?

Vielleicht sind Ihnen zu dieser Frage noch andere Ziele in den Sinn gekommen. Wir glauben aber, daß diese Persönlichkeitsmerkmale sich alle gegenseitig bedingen: Nehme ich mich selbst besser wahr, steigt mein Selbstbewußtsein, und ich werde mich in sozialen Beziehungen erfolgreicher verhalten. Bin ich erfolgreich, gewinne ich daraus neues Selbstvertrauen. Habe ich mehr Selbstvertrauen, sinkt meine Angst in sozialen Situationen, usw. Wir haben es hier also nicht mit voneinander unabhängigen Merkmalen zu tun, sondern mit einem Merkmalskomplex. In der Psychotherapie hat man dem dadurch Rechnung getragen, daß man den Begriff der *sozialen Kompetenz* eingeführt hat. Dieser Begriff umfaßt alle die Merkmale und Verhaltensweisen, die eine Person dazu befähigen, ihre sozialen Interaktionen erfolgreich und für sie selbst befriedigend zu gestalten.

Wir möchten mit diesem Buch dazu beitragen, Ihre soziale Kompetenz zu verbessern. Dies erreicht man natürlich nicht durch Lesen allein. Wir werden deshalb an vielen Stellen Übungen vorschlagen.

Wir möchten mit diesem Buch dazu beitragen, Ihre soziale Kompetenz zu verbessern. Dies erreicht man natürlich nicht durch Lesen allein. Wir werden deshalb an vielen Stellen Übungen vorschlagen, denn wirkliche Veränderungen erreicht man nur dadurch, daß man etwas Neues ausprobiert, daß man sich z. B. auch gestattet, erst einmal Fehler zu machen. Eine Veränderung wird auch nicht von einem Tag auf den anderen eintreten. Viele kleine Fort-Schritte sind notwendig.

Viele Therapiepatienten haben z. B. eine durchaus richtige Vorstellung von dem, was sie tun müßten, um ihre Probleme zu überwinden. Sie berichten sogar häufig über Selbsttherapieversuche, die denen, die in der »richtigen« Psychotherapie durchgeführt werden, im Grundsatz sehr ähnlich sind. Sie machen dabei eigentlich nur zwei Fehler: Erstens überfordern sie sich. Sie machen keine kleinen Schritte, sondern versuchen immer, den einen großen Schritt zu tun, der alle ihre Probleme überwindet. Zweitens würdigen sie erfolgreich absolvierte kleine Schritte nicht entsprechend, ja sie empfinden sie sogar oft als Mißerfolg, weil sie den Erfolg immer an dem großen Ziel der endgültigen Überwindung ihres Problems messen, und gemessen daran sind kleine Schritte natürlich kein Erfolg.

Bevor wir auf konkrete Veränderungsvorschläge kommen, müssen wir uns zunächst mit etwas »Theorie« befassen. Genauer ausgedrückt, wir müssen etwas grundlegender klären, was in einer sozialen Interaktion stattfindet. Zu deutsch: Welche Prozesse laufen in und zwischen den beteiligten Personen ab?

Was geschieht in einer sozialen Interaktion?

Als soziale Interaktion bezeichnen wir alle Prozesse, die zwischen zwei oder mehr Personen ablaufen, die Kontakt miteinander haben.

Als soziale Interaktion bezeichnen wir alle Prozesse, die zwischen zwei oder mehr Personen ablaufen, die Kontakt miteinander haben.

Solche Prozesse finden immer dann statt, wenn Sie mit einem anderen Menschen reden, verhandeln oder auch Zärtlichkeiten austauschen. In jedem dieser Fälle tauschen Sie Informationen aus, Sie teilen dem anderen etwas mit. Diese Mitteilungen bestehen nicht allein aus Worten – auch mit Ihrer Körperhaltung, dem Tonfall und der Mimik und Gestik teilen Sie etwas mit, ja, Sie teilen sogar dann etwas mit, wenn Sie vermeintlich nichts mitteilen. Auch dann, wenn Sie schweigen, wird Ihr Gegenüber das in irgendeiner Weise wahrnehmen und einordnen. Mit anderen Worten: Auch Ihr Nicht-Verhalten ist für den anderen eine Mitteilung, die er interpretieren und bewerten wird. Wie der berühmte amerikanische Psychologe Paul Watzlawick es ausgedrückt hat: »Verhalten hat kein Gegenteil, ... Man kann sich nicht *nicht* verhalten.« Oder an anderer Stelle: »Man kann nicht *nicht* kommunizieren.«

Welche Prozesse laufen zwischen mir und meinem Interaktionspartner ab, und welche Prozesse geschehen dabei in meiner Person?

Bevor wir uns mit einzelnen Problembereichen der sozialen Interaktion befassen, wollen wir einmal allgemein klären, was eigentlich genau in einer solchen Interaktion geschieht. Welche Prozesse laufen zwischen mir und meinem Interaktionspartner ab, und welche Prozesse geschehen dabei in meiner Person?

Nehmen wir dafür ein Beispiel:

> Sie sind mit Ihrem Partner (oder Ihrer Partnerin) zu einem Fest eingeladen. Ihr Partner kommt spät von der Arbeit nach Hause und sagt zu Ihnen: »*Tag, Schatz, ich hab' heut' überhaupt keine Lust, auf dieses Fest zu gehen. Ich möchte am liebsten allein sein und niemanden sehen.*«

Versetzen Sie sich einmal in diese Situation und überlegen Sie, was Sie jetzt in diesem Moment denken würden. Wie würden Sie diese Mitteilung interpretieren? Hier sind verschiedene Möglichkeiten:
Sie denken sich z. B.:

- »Nie kann man sich auf irgend etwas verlassen, was man abgesprochen hat.«
- »Das paßt mir gut, ich wollte ohnehin lieber allein gehen.«
- »Ach, der Arme, er hat sicher einen schweren Tag gehabt, ich werde allein gehen. Hinterher geht es ihm bestimmt wieder besser.«
- »Er tut mir so leid, er hat heute sicher wieder viel Streß gehabt. Ich werde auch zu Hause bleiben und versuchen, ihn wieder aufzumuntern.«

- »Er mag einfach nicht mit mir in die Öffentlichkeit gehen, er mag mich nicht mehr.«
- »Es ist immer dasselbe, aber ich habe ja schon gar nicht mehr mit etwas anderem gerechnet.«
- »Das kommt mir ja merkwürdig vor – was er nur vorhat?«

Das ist nur eine kleine Auswahl der möglichen Gedankengänge, andere wären vorstellbar. Haben Sie sich in einem der Gedanken wiederfinden können? Wahrscheinlich werden Sie sagen: Das kommt ja ganz darauf an. In der Tat werden viele Faktoren das beeinflussen, was Sie konkret in dieser Situation denken. Ihre innere Reaktion hinge z. B. davon ab,

- wie Sie die Beziehung zu Ihrem Partner erleben,
- welche Einstellung Sie zu Partnerschaft allgemein haben,
- wie Sie die Beziehung Ihrer Eltern erlebt haben,
- ob Sie eher eine selbstbewußte oder weniger selbstbewußte Person sind.

Warum deuten wir eine Situation gerade so und nicht anders?

Wie Sie eine Situation bewerten, hängt nicht allein von der konkreten Situation ab, sondern ebensosehr von Ihren Erfahrungen.

Auch das ist wieder nur eine kleine Auswahl der beeinflussenden Faktoren. Die Aufzählung ist mit Sicherheit nicht erschöpfend. Es sollte lediglich gezeigt werden, daß die *kognitive Bewertung* einer bestimmten Situation sowohl von der konkreten Situation als auch von den vorhergehenden Erfahrungen der wahrnehmenden Person beeinflußt wird. Die Situation an sich ist mehr oder weniger vieldeutig; dennoch werde ich meistens den Eindruck haben, sie sei eigentlich ganz eindeutig. Sie wird als eindeutig wahrgenommen, weil ich sie durch die Brille meiner kristallisierten Erfahrungen wahrnehme. Leider verzerrt diese Brille häufig, was dann den Anlaß zu Kommunikations- und auch Beziehungsstörungen liefert. Wir werden darauf später noch zurückkommen.

Fassen wir das bisher Gesagte noch einmal zusammen: Wir haben eine Situation und reagieren darauf zunächst mit einer kognitiven Bewertung. Sie werden sich jetzt vielleicht fragen, wo denn nun die Gefühle bleiben; auch sie spielen ja eine wichtige Rolle in sozialen Interaktionen. In der Tat werden gerade in unserem obigen Beispiel die Emotionen von wesentlicher Bedeutung sein. Allerdings ergeben sich die Gefühle nicht direkt aus der Situation, sondern sind ein Resultat unserer kognitiven Bewertung. Sehen Sie sich noch einmal unsere obige Aufzählung der möglichen Gedanken an. Da wird ziemlich deutlich, daß mit diesen Gedanken sehr unterschiedliche Emotionen verbunden sind. Wenn Sie zu sich sagen: »Nie kann man sich auf irgend etwas verlassen, was man abgesprochen hat«, wird das Gefühl, welches dadurch ausgelöst wird, wohl Ärger sein. Wenn Sie dagegen sagen: »Das paßt mir gut, ich wollte ohnehin lieber allein gehen«, empfinden Sie wahrscheinlich eher Freude und Erleichterung.

Situation und emotionale Reaktion hängen nicht direkt zusammen, sondern dazwischen liegt die vermittelnde Instanz der kognitiven Bewertung.

Situation und emotionale Reaktion hängen also nicht direkt zusammen, sondern dazwischen liegt die vermittelnde Instanz der kognitiven Bewertung. Erst das, was ich zu mir selbst in einer bestimmten Situation sage, meine kognitive Bewertung, ruft die emotionale Reaktion hervor. Sie können vielleicht diesen Gedanken nicht ohne weiteres nachvollziehen und werden einwenden, daß es Situationen gibt, in denen eine solche kognitive Bewertung gar nicht mehr stattfindet, wo man direkt »gefühlsmäßig« reagiert. Vielleicht denken Sie dabei an einen Phobiker, an einen Angstpatienten, der auf die Konfrontation mit »seinem« angstauslösenden Reiz (z. B. einer Schlange) sozusagen spontan eine starke emotionale Reaktion zeigt.
Auch in einem solchen Fall findet aber zunächst eine kognitive Bewertung statt. Ohne eine solche Bewertung (die Einordnung der Schlange in die Kategorie der angstauslösenden Reize) gäbe es keine emotionale Reaktion. Allerdings ist in solchen Fällen die kognitive Bewertung relativ wenig bewußt, sie ist schon sehr weitgehend automatisiert. Die

kognitiven Prozesse werden um so weniger bewußt ablaufen, je stärker ein Verhalten automatisiert ist. Gute Beispiele für sehr weitgehend automatisierte Verhaltenssequenzen sind das Gehen, das Auto- und das Radfahren. Bei solchen Tätigkeiten führt der Versuch, diese wieder kognitiv zu steuern, meist zu Problemen.

Je stärker Handlungsabläufe automatisiert sind, desto schwieriger ist es, sie zu verändern.

Je stärker Handlungsabläufe automatisiert sind, desto schwieriger ist es, sie zu verändern. Jeder kennt wahrscheinlich aus seinem eigenen Leben Beispiele für solche Schwierigkeiten. Will man sich z. B. das Rauchen abgewöhnen, macht einem nicht allein der sinkende Nikotinspiegel und die dadurch ausgelöste Gier auf eine Zigarette zu schaffen, sondern auch die automatisierten Abläufe, die einen in so vielen Situationen automatisch an Zigaretten denken lassen. Verändern lassen sich diese Abläufe nur dadurch, daß man ganz bewußt und zielstrebig sein Verhalten beobachtet und versucht, neue Automatismen an die Stelle der alten zu installieren. Dies ist in der Regel ein mühsamer und auch länger dauernder Prozeß.

Ein Modell sozialer Interaktion

Doch kehren wir zu unserem Beispiel der sozialen Interaktion zurück. In Abbildung 1 auf S. 19 sind die bisherigen Ausführungen in einem abstrakten Schema zusammengefaßt. Der große Kasten um *Kognitive Bewertung* und *Emotion* soll verdeutlichen, daß diese Prozesse in uns ablaufen. Das Verhalten, das wir dann zeigen, ist ein Produkt dieser internen Prozesse. Dieses Verhalten hat natürlich eine Reaktion meines Interaktionspartners zur Folge, die wiederum für mich eine neue Situation darstellt. Deshalb ist zwischen *Reaktion des Partners* und *Situation* ein Pfeil eingezeichnet.

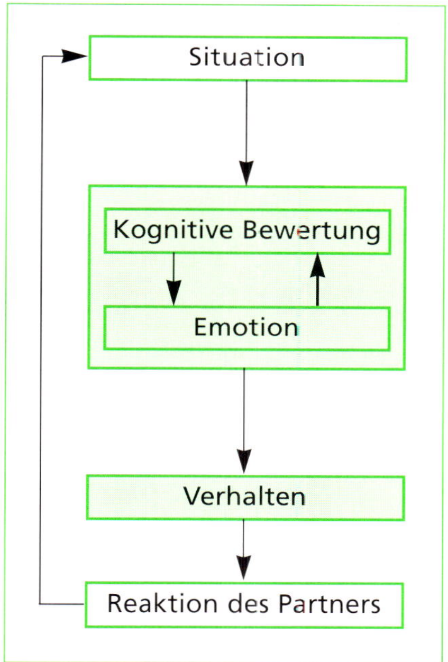

Abb. 1: Ein Modell sozialer Interaktion

Die zwei Pfeile zwischen *Kognitive Bewertung* und *Emotion* sind insofern wichtig, als hier Rückkoppelungsprozesse ablaufen: Wenn Sie im obigen Beispiel zu sich sagen: »*Nie kann man sich auf irgend etwas verlassen, was man abgesprochen hat*«, werden Sie, wie schon gesagt, wahrscheinlich Ärger verspüren. Diesen Ärger nehmen Sie bei sich selbst wahr und bewerten ihn vielleicht als Bestätigung Ihrer kognitiven Bewertung, als Beweis, daß Ihre Interpretation richtig war.
Alles das, was in dem Schema grau schattiert ist, betrifft die eigene Person: *meine* Kognitionen, *meine* Emotionen und *mein* Verhalten. Die nicht schattierten Kästchen stellen meine soziale »Umwelt« dar: Es gibt eine Ausgangssituation (in unserem anfänglichen Beispiel Ihr Partner, der Ihnen mitteilt, daß er keine Lust habe, auf das Fest mitzugehen), und es gibt dann – abhängig von Ihrem eigenen Verhalten – eine Reaktion des Partners, die wiederum für Sie eine neue Situation darstellt.

Im Mittelpunkt Ihres Interesses: Ihre kognitiven Bewertungen.

Dies schematische Modell mag Ihnen vielleicht sehr abstrakt erscheinen, aber dahinter verbirgt sich doch erheblich mehr praktische Relevanz, als auf den ersten Blick erkennbar sein mag.
Wenn Sie bereit sind zu akzeptieren, daß Sie nicht auf die Situation als solche reagieren, sondern daß die Situation erst einer kognitiven Bewertung unterzogen wird und daß Ihre Emotion und Reaktion daher nicht eine direkte Folge der Situation als solcher ist, sondern sich aus Ihrer kognitiven Bewertung ergibt, ist auch klar, auf welche Weise Sie Ihr Verhalten bzw. Ihre Reaktionen auf Situationen verändern können: Sie müssen Ihre kognitiven Bewertungen ändern.

Altgewohnte Einstellungen ändern, wie macht man das?

Das mag einfach klingen, ist aber ein sehr schwieriger Prozeß. Viele dieser Bewertungen sind im Laufe unseres Lebens weitgehend automatisiert worden, so daß wir uns oft gar nicht mehr dessen bewußt sind, daß sie in uns stattfinden. Mehr noch, wir haben im Laufe der Jahre ein ganzes Bündel von miteinander verbundenen Kognitionen in uns angehäuft, so daß man mit einigem Recht von einem Theoriengebäude sprechen kann, welches unser Verhalten lenkt, ohne daß wir das noch so richtig wahrnehmen. Der erste Schritt muß also darin bestehen, sich diese Kognitionen, diese inneren Gespräche wieder bewußt zu machen. Nur so können Sie die automatisierten Handlungsabläufe durchbrechen.

Machen wir dazu ein kleines Spiel. Überlegen Sie jetzt einmal in aller Ruhe, welche Ihrer Eigenschaften Sie bei sich gut finden und schreiben Sie sie in die folgenden drei Zeilen. Versuchen Sie, sich beim Finden und Schreiben genau zu beobachten. Welche Gedanken gehen Ihnen dabei durch den Kopf?

Den meisten Menschen fällt es viel leichter, negative Eigenschaften an sich selbst zu nennen als positive.

1. positive Eigenschaft:
2. positive Eigenschaft:
3. positive Eigenschaft:

Haben Sie wirklich drei positive Eigenschaften aufgeschrieben? Wenn ja, wird es Ihnen wahrscheinlich nicht leicht gefallen sein. Wenn nein, haben Sie sicher gemerkt, daß sich in Ihnen einiges gegen diese Aufgabe gesträubt hat. Den meisten Menschen fällt es viel leichter, negative Eigenschaften zu nennen als positive. Vielen fällt es auch sehr schwer, ein Lob oder ein Kompliment von jemand anderem anzunehmen und sich die Freude darüber anmerken zu lassen. Getreu unserer abendländischen Tradition hat man »selbstkritisch« zu sein und nicht »eingebildet« oder »überheblich«. Überlegen Sie doch einmal, was Ihnen jetzt alles durch den Kopf gegangen ist, als Sie über Ihre drei positiven Eigenschaften nachgedacht haben. Welche Gedanken haben es Ihnen schwer gemacht? Haben Sie vielleicht daran gedacht, daß jemand dieses Buch in die Hand nehmen und sehen könnte, welche Eigenschaften Sie aufgeschrieben haben, und daß dieser Jemand Sie deshalb für überheblich oder eingebildet halten könnte?

Seit langem bekannt: durch Lob wird das Verhalten viel effektiver gesteuert als durch Tadel.

Es gibt hier einen merkwürdigen Widerspruch: Obwohl in der Lernpsychologie schon seit langem nachgewiesen ist, daß Lernen und jede Verhaltensänderung durch Lob bzw. Hervorhebung der positiven Aspekte effektiver gesteuert werden kann als durch Kritik und Tadel, verhalten sich die meisten Leute – auch solche, die es eigentlich besser wissen müßten, wie z. B. Lehrer – so, als sei Kritik die beste Hilfe für jemanden, der etwas lernen will. (Wenn Sie genauer wissen wollen, wie Belohnung und Bestrafung wirken, blättern Sie jetzt schon zum Textblock 4 auf S. 140/141.)

Untersuchungen, die in jüngster Zeit an der Universität Bamberg durchgeführt wurden, demonstrieren sehr schön die Überlegenheit einer positiven Rückmeldung. Dort hat man mit der Videokamera die Rollenspiele von Personen aufgenommen. Während der einen Gruppe diese Videoaufnahmen in voller Länge vorgeführt wurden, zeigte man der andere Gruppe eine geschnittene Aufnahme, die nur aus den Szenen bestand, die gut gelungen waren. Alle weniger guten Passagen waren herausgeschnitten worden. Die zweite Gruppe zeigte einen deutlich höheren Lernerfolg.

Hand aufs Herz: Können Sie sich loben?

Jetzt überlegen Sie doch bitte einmal, wie Sie sich verhalten, wenn Sie eine schwierige Situation hinter sich gebracht haben. Fallen Ihnen nicht auch zuerst die Dinge ein, die nicht so gut gelaufen sind, und die Passagen, die gut gelaufen sind, werden nicht weiter beachtet? Oder überlegen Sie, wie Sie sich gegenüber Ihren Kindern oder Ihrem Partner verhalten. Fällt Ihnen da nicht auch überwiegend das auf, was Ihrer Meinung nach kritikwürdig ist? Das nicht kritikwürdige Verhalten ist sozusagen »selbstverständlich« und bedarf keiner weiteren Erwähnung.
Im folgenden soll auf die einzelnen Bestimmungsstücke unseres Ablaufschemas »Kommunikation« (S. 19) noch etwas näher eingegangen werden. Wir werden dabei so vorgehen, daß zunächst die Prozesse behandelt werden sollen, die *innerhalb* einer Person ablaufen: *Kognition* und *Emotion*. Danach werden wir uns mit dem *Verhalten* befassen, also mit dem Verbindungsglied zwischen den internen Prozessen und der Umwelt, und abschließend wenden wir uns der *Situation* zu.

Kognition und Emotion

Emotionen spielen in unserer Kultur traditionell eine sehr zwielichtige Rolle. Gefühle und Sexualität haben den Ruch des Niederen – heute wie einst.

Emotionen spielen in unserer Kultur traditionell eine sehr zwielichtige Rolle. Gefühle und Sexualität galten als etwas Niederes, das durch den Geist (den kognitiven Apparat) beherrscht und im Zaum gehalten werden mußte. Je besser einem Menschen das gelang, in desto höherem Maß galt er als wahrhaft menschlich. Das entbehrte nicht einer gewissen Logik, betrachtete man doch den Menschen als etwas, was sich von den Tieren ganz grundsätzlich unterscheidet, und der kognitive Apparat ist sicher das, was diesen Unterschied am deutlichsten symbolisiert.
Nur nebenbei sei hier angemerkt, daß auch die »mindere« Rolle der Frau ein Stück dieser Logik ist, war doch bei den Frauen aufgrund ihrer Gebär- und Stillfunktion die größere Nähe zu dem Tierischen offensichtlich (deshalb mußte Maria ihren Sohn auch als Folge einer *unbefleckten Empfängnis* gebären). Nur folgerichtig war es dann, daß man ihnen auch alle Fähigkeiten zu höheren geistigen Tätigkeiten absprach, dafür aber die Emotionalität und Triebhaftigkeit als typisch weibliche Eigenschaften sehr stark betonte.

Auch heute noch finden sich manche Reste dieser Sichtweise. Einen nicht unerheblichen Anteil daran hat die Psychoanalyse Freuds, die von vielen mit Psychologie gleichgesetzt wird und die – zumindest in Kultur und Medien – das Bild des Menschen maßgeblich geprägt hat. Sicher kann man folgendes als Verdienst Freuds ansehen: Er rückte das Menschenbild wieder dahingehend zurecht, daß nunmehr auch Emotionen und Sexualität als zwangsläufige Bestandteile menschlicher Existenz betrachtet wurden. Andererseits hat auch Freud ihnen die Rolle von »Bastarden«, von eigentlich eher unangenehmen Begleiterscheinungen menschlichen Lebens, nicht wirklich genommen. Nach wie vor haben sie den Ruch des Niederen. Nachteilig hat sich zudem ausgewirkt, daß durch die Hinzunahme der Instanz des *Unbewußten* Tür und Tor zu sehr weitgehenden Spekulationen

Heute weiß man: Emotionen und Kognitionen stehen in gegenseitiger Wechselwirkung und wirken sozusagen Hand in Hand bei der Lösung der Probleme des Menschen zusammen.

geöffnet wurden, die größtenteils weder beweis- noch widerlegbar sind.

Das heutige Menschenbild der Psychologie ist ein Stückchen darüber hinausgekommen. Weder ist der Mensch ein durchgehend von der Ratio bestimmtes Wesen, noch ist er ein von seinen (unbewußten) Emotionen Getriebener. Emotion und Kognition sind keine Gegensätze, keine Instanzen, die gegeneinander arbeiten. Im Gegenteil, nicht nur in der Psychologie, auch in den angrenzenden Wissenschaften fand man in letzten Jahren immer mehr Hinweise, wie Emotionen und Kognitionen in gegenseitiger Wechselwirkung und Abhängigkeit – sozusagen Hand in Hand – bei der Lösung der alltäglichen Probleme des Menschen zusammenwirken. Etwas überspitzt formuliert könnte man sagen, daß der Mensch ohne seine Emotionen nicht in der Lage wäre, rational zu handeln. Steht der Mensch in einer Situation, in der es verschiedene Handlungsalternativen gibt, werden offenbar auf der kognitiven Ebene diese Möglichkeiten durchgespielt und auf das Gefühl hin »getestet«, das die jeweilige gedankliche Simulation auslöst. In der Regel entscheidet man sich dann für die Handlung, von der man auch »gefühlsmäßig« den Eindruck hat, dies sei die beste.

Wer nicht fühlt, kann auch nicht rational handeln

Etwas überspitzt formuliert könnte man sagen, daß der Mensch ohne seine Emotionen nicht in der Lage wäre, rational zu handeln. Diese Vorstellung hat man aus Studien an hirnverletzten Patienten gewonnen.

Fehlt diese Kontrollinstanz der emotionalen Bewertung, kann es zu schwerwiegenden und folgenreichen Fehlern kommen. Diese Vorstellung vom Zusammenwirken von Emotion und Kognition hat man aus Studien an hirnverletzten Patienten gewonnen, deren Verletzungen das Zusammenspiel zwischen kognitivem und emotionalem Apparat stark beeinträchtigten. Diese Patienten wirkten auf die Umwelt und auch nach den Ergebnissen der üblichen psychologischen und psychiatrischen Tests auf den ersten Blick völlig normal, trafen aber in ihrem Alltag so katastrophale Fehlentscheidungen, daß sie nicht mehr als lebenstüchtig gelten konnten.

Verzeihen Sie diese kleine Abschweifung. Mein Anliegen bestand darin, die Rolle der Emotionen etwas aufzuwerten und sie vom Ruch des Irrationalen zu befreien. Emotionen sind nichts Störendes, sondern im Gegenteil – wie wir gesehen haben – etwas sehr Nützliches, etwas, über das wir uns freuen und mit dem wir ein ausgefülltes und befriedigendes Leben führen sollten.

Im Zusammenspiel steuern meine Emotionen und Kognitionen mein Verhalten. Will ich mein Verhalten ändern, muß ich daher – da die Emotionen ja ein Resultat meiner kognitiven Bewertung sind – diese kognitiven Bewertungen ändern. Und bevor ich an diesen Veränderungsprozeß gehen kann, muß ich mir erst einmal bewußt machen, welche Kognitionen in welcher Situation in mir ablaufen.

Verschiedene psychotherapeutische Schulen haben für diese kognitiven Prozesse unterschiedliche Begriffe gebildet: Die einen sprechen von *Selbstverbalisationen*, die anderen vom *inneren Dialog*, wieder andere von *automatischen Gedanken*. Gemeint ist damit letztlich immer dasselbe, wobei die Schwierigkeit der Begriffsbildung wohl darauf zurückzuführen ist, daß diese Kognitionen nicht mit sprachlichen Äußerungen gleichgesetzt werden können. Die Struktur ist offenbar anders. Deutlich wird dies z. B., wenn Sie über irgendein kompliziertes Problem nachgedacht haben und schließlich an den Punkt kommen, an dem Sie das Gefühl haben, dieses Problem zu durchschauen. Sicher werden Sie auch schon die Erfahrung gemacht haben, daß es dann doch noch schwierig sein kann, es einem anderem zu erklären oder es gar schriftlich niederzulegen.

Sprache ist zwangsläufig sequentiell, die Worte und Sätze folgen aufeinander (vergleichbar mit einem Tonband oder einem Film), unsere internen kognitiven Prozesse sind aber nicht sequentiell, sie sind eher mit einem Netzwerk miteinander verknüpfter Assoziationen zu vergleichen, in dem man beliebig hin- und herspringen kann. Will man Inhalte und Verknüpfungen des Netzwerks einem anderen mitteilen, merkt man, wie schwierig es ist, dieses in eine lineare Abfolge von Gedanken bzw. Sätzen zu pressen.

Abb. 2: Welcher Gefühlsausbruch?

In unserer Sprache gibt es erstaunlich viele Begriffe, um Gefühlsqualitäten auszudrücken. Erstaunlich ist das insofern, als man physiologisch nur wenige emotionale Zustände unterscheiden kann.

Kommen wir jetzt noch einmal auf die Emotionen zu sprechen. In unserer Sprache gibt es erstaunlich viele Begriffe, mit denen man Gefühlsqualitäten ausdrücken kann. Erstaunlich ist das insofern, als man physiologisch nur wenige emotionale Zustände unterscheiden kann (auch der berühmte »Lügendetektor« kann letztlich nur den Grad der Erregung feststellen), und auch bei der Beobachtung einer anderen Person ist es eigentlich sehr schwierig, ein Gefühl zu identifizieren. Normalerweise merken wir das nicht, weil wir aufgrund der situativen Bedingungen »wissen«, welches Gefühl jemand empfindet. Wenn wir z. B. auf einer Beerdigung sind und versuchen, vom Gesichtsausdruck eines der Hinterbliebenen auf dessen Gefühl zu schließen, ist es naheliegend, dieses als Trauer zu identifizieren. Fehlen uns diese Informationen über die Situation, ist das Ganze viel schwieriger. Betrachten wir z. B. das Mädchen auf der Abbildung 2. Überlegen Sie einmal, welches Gefühl dort zum Ausdruck kommt. Ist es Verzweiflung oder Angst? Ist es vielleicht Trauer oder Ekstase? Im Grunde könnte man fast

Es ist sehr schwierig, die Gefühle einer anderen Person richtig zu deuten. Im Grunde können wir das nur deshalb einigermaßen, weil wir aufgrund unserer eigenen Erfahrung gelernt haben, in welchen Situationen man wie empfindet.

jeden Gefühlszustand in diesen Gesichtsausdruck hineininterpretieren. Klar ist, daß dieses Mädchen hochgradig erregt ist, aber welche Qualität diese Erregung hat, ist sehr viel weniger deutlich. In Wahrheit handelt es sich übrigens um die Aufnahme der Besucherin eines Rockkonzerts. Es muß also angenommen werden, daß es sich bei dem Gefühl um so etwas wie Freude oder Glück handelt.
Wir haben gesehen, daß es sehr schwierig ist, die Gefühle einer anderen Person richtig zu deuten. Im Grunde können wir das nur deshalb einigermaßen, weil wir aufgrund unserer eigenen Erfahrung gelernt haben, in welchen Situationen man wie empfindet.

Erstaunlich, aber wahr: Wir wissen wenig über unsere eigenen Gefühle

Was wir jetzt für die Beobachtung einer anderen Person ausgeführt haben, gilt in etwas eingeschränktem Maße auch für die Beobachtung der eigenen Person. Auch hier ist die Identifizierung eines Gefühlszustands nicht so eindeutig, wie wir vielleicht meinen. Dazu wurden in der Psychologie einige interessante Experimente durchgeführt. z. B. wurden Studenten gebeten, an einem psychologischen *Wahrnehmungsexperiment* teilzunehmen. Meldeten sich Studenten, bekamen sie zunächst eine Adrenalinspritze (Adrenalin erzeugt Erregung), wurden aber über die Art der Injektion nicht aufgeklärt bzw. falsch informiert. Danach wurden sie gebeten, bis zum Beginn des Experiments noch in einem Warteraum Platz zu nehmen. Hier gesellte sich bald ein weiterer »Student« hinzu (in Wahrheit ein Vertrauter des Versuchsleiters). Dieser gab sich nun bei der einen Gruppe der Studenten sehr ärgerlich, schimpfte über das »blöde Experiment« und über den Versuchsleiter. Bei einer anderen Gruppe von Studenten gab sich dieser Vertraute eher lustig und fröhlich und versuchte, die Studenten in seine Späße einzubeziehen. Während des eigentlichen Experiments füllten die Studenten verschiedene Fragebögen aus und sollten unter

Verhalten

Unsere Gesprächspartner sehen weder unsere Kognitionen noch unsere Gefühle. Sie können ausschließlich auf unser Verhalten eingehen.

Nachdem wir uns ausführlich mit Kognitionen und Emotionen beschäftigt haben, kommen wir jetzt zum dritten wesentlichen Bestimmungsstück einer sozialen Interaktion, dem *Verhalten*. Im Unterschied zu Kognitionen und Emotionen, die innerhalb der Person ablaufen und nicht direkt beobachtet werden können, ist das Verhalten das, was unsere Interaktionspartner wahrnehmen und worauf sie reagieren.

Eine der wichtigsten psychologischen Schulen, der *Behaviorismus* (am besten übersetzt mit *Verhaltenswissenschaft*), begründete ihr Selbstverständnis auf die Tatsache, daß nur das »offene« Verhalten direkt von außen beobachtbar ist. Da wissenschaftliche Erkenntnisse überprüfbar sein müssen, konzentrierte sich die psychologische Forschung fortan auf die Aspekte des Menschen, die vom Beobachter (dem Wissenschaftler) beobachtet und gemessen werden konnten, und dies war in erster Linie das Verhalten (engl: *behavior*). Emotionen und Kognitionen wurden zwar nicht geleugnet, sie wurden jedoch als Aspekte des Menschen betrachtet, die der wissenschaftlichen Betrachtung nicht zugänglich sind. Jedes Lebewesen wurde so zur *black box*. Es gibt einen *Input* (Reize, situationale Bedingungen) und es gibt einen *Output*, die Reaktion bzw. das beobachtbare Verhalten.

Menschen wie Ratten lernen viel schneller, wenn man sie für die positiven Seiten ihres Verhaltens verstärkt, als wenn sie für die negativen Aspekte Strafen bekommen.

Die Wissenschaft in diesem Sinne beschäftigte sich nun damit, die systematischen Zusammenhänge zwischen Input und Output bzw. Reiz und Reaktion zu erforschen. Da dies mit Menschen nicht so ohne weiteres durchführbar ist, befaßte man sich ausgiebig mit Ratten.

Daß diese Sichtweise bzw. die damit aufgestellten Kriterien für Wissenschaftlichkeit und das dadurch postulierte Menschenbild erbitterte Kritik von Seiten der traditionellen psychologischen Schulen hervorrief, ist leicht vorstellbar. Auch heute noch gibt es heftige Kontroversen, obgleich sich die Wogen mittlerweile etwas geglättet haben. Und doch hat

Abb. 3:
»Rattenexperiment«

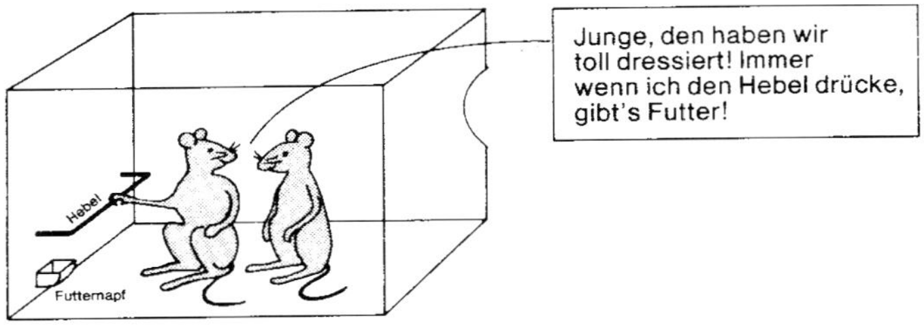

der Behaviorismus gerade aufgrund dieser radikalen Position die Psychologie ganz entscheidend vorangebracht. Besonders im Bereich der Gesetzmäßigkeiten des Lernens wurden dadurch wichtige Fortschritte gemacht. Allerdings waren gerade die vielen Experimente zum Lernen, die überwiegend mit Ratten durchgeführt wurden (vgl. Abbildung 3, s. oben, und Textblock 4 auf S. 140/141), eine erneute Provokation. Ließ sich doch zeigen, daß die dabei gefundenen Gesetzmäßigkeiten bei Ratten und Menschen im wesentlichen gleich sind. Ratten wie Menschen zeigen häufiger das Verhalten, für das sie belohnt bzw. verstärkt worden sind; sie lernen am Erfolg. Umgekehrt werden Verhaltensweisen, die bestraft werden, zukünftig seltener gezeigt. Allerdings ist die Effektivität von Belohnung und Bestrafung nicht etwa gleichzusetzen. Menschen wie Ratten lernen viel schneller, wenn man sie für die positiven Seiten ihres Verhaltens verstärkt, als wenn sie für die negativen Aspekte Strafen bekommen.

Warum man von Strafen absehen sollte

Es ist offenbar in mehrfacher Hinsicht problematisch, Bestrafungen als Mittel einzusetzen, wenn man in menschlichen Interaktionen eine Verhaltensänderung herbeiführen will.

Zum einen gibt es oft unbeabsichtigte negative Nebeneffekte (z. B. Störung der Beziehung zwischen Bestrafendem und Bestraften), zum anderen müssen Bestrafungen, um wirklich effektiv zu sein, unbedingt konsistent erfolgen. Im Alltag ist dies aber fast nie möglich, Bestrafungen werden deshalb in der Regel nur hin und wieder einmal direkt auf das unerwünschte Verhalten folgen. Das kann wiederum dazu führen, daß das Ausbleiben einer Bestrafung als Belohnung interpretiert und das unerwünschte Verhalten deshalb häufiger wird.

Auch kann z. B. in der Kinderziehung der Fall eintreten, daß ein ansonsten wenig beachtetes Kind die »Zuwendung« eines schimpfenden Vaters oder Lehrers eher als Verstärkung denn als Bestrafung interpretiert. Ein weiterer Gesichtspunkt ist noch zu beachten: Durch Bestrafungen wird das unerwünschte Verhalten oftmals nur unterdrückt und nicht eigentlich verlernt.

Heute weiß jeder Psychologe, daß kaum jemand sein Verhalten *ändert*, weil er dafür bestraft wurde oder wird. Aber viele Eltern, Erzieher und Vorgesetzte sind immer noch der festen Überzeugung, daß Bestrafungen sehr gut geeignet sind, unerwünschtes Verhalten zu *reduzieren*. Auch verhalten sich viele Menschen, die theoretisch um die Unzulänglichkeit von Bestrafungen wissen, nicht dementsprechend. Unerwünschtes Verhalten hat offenbar einen höheren Aufmerksamkeitseffekt, es fällt auf, während erwünschtes Verhalten für viele »normal« und unauffällig ist und deshalb keiner weiteren Beachtung bedarf. Wir haben dies an anderer Stelle (S. 21) schon einmal ausgeführt.

Situation

Die Situation ist das letzte Bestimmungsstück unseres Ablaufschemas (siehe Abbildung 1 auf S. 19). Die Situation ist das, was uns zum Handeln (oder Nichthandeln) bewegt und gleichzeitig das, was wir mit unserem Verhalten wiederum beeinflussen oder verändern können. Wie ich mich in einer gegebenen Situation verhalte, hängt zunächst einmal davon

Die Situation ist das, was uns zum Handeln (oder Nichthandeln) bewegt und gleichzeitig das, was wir mit unserem Verhalten beeinflussen oder verändern können.

ab, wie ich sie wahrnehme und interpretiere. Zum anderen spielen natürlich auch noch meine *Ziele* eine Rolle.

Kehren wir dazu noch einmal zu unserem anfänglichen Beispiel auf S. 15 zurück, in dem Ihr Partner Ihnen mitteilt, daß er nicht mit Ihnen auf das Fest gehen will, und nehmen wir an, Sie interpretieren das als Zeichen nachlassender Liebe. Wie werden Sie also auf diese Situation reagieren? Hier ein paar Beispiele:

- Sie wollen Gewißheit: Sie werden also Ihren Partner sofort mit Fragen bestürmen, warum er jetzt nicht mitgehen will; oder Sie werden Ihren Partner direkt fragen, ob der Grund für seine Unlust darin zu suchen sei, daß Sie für ihn nicht mehr attraktiv sind.
- Sie wollen die Angst vor dem Verlust Ihres Partners reduzieren: Sie könnten z. B. ebenfalls zu Hause bleiben in der Hoffnung, durch einen schönen gemeinsamen Abend wieder mehr Nähe zu schaffen. Sie könnten auch anfangen zu weinen, denn Weinen und Wehklagen kann zunächst einmal Erleichterung schaffen, und Sie könnten auch noch die Hoffnung damit verbinden, daß Ihr Partner seinen Entschluß ändert, wenn er sieht, welches Leid er Ihnen damit zugefügt hat.
- Sie wollen den Ärger über ihren Partner reduzieren: Ein probates Mittel der Ärgerreduktion besteht für viele darin, den anderen zu beschimpfen und zu verletzen. Nicht umsonst gibt es den schönen Ausspruch »Rache ist süß«. Dabei besteht natürlich die Gefahr der Eskalation: Der Angegriffene kann wiederum »zurückschießen«, Sie nehmen das als Anlaß für einen neuen verstärkten Angriff, usw.

Auch wenn hier noch mehr Variationen denkbar wären, wollen wir es bei diesen drei Beispielen belassen. Wir sehen, auch bei gleicher Bewertung und Interpretation derselben Situation können die eigenen Reaktionen, das eigene Verhalten sehr unterschiedlich ausfallen. Welche Reaktion jemand in einer gegebenen Situation zeigt, hängt also auch noch von seinen Zielen ab.

Wir haben jetzt also die folgenden Bestimmungsstücke einer sozialen Interaktion genauer analysiert.

> Was geschieht in einer sozialen Interaktion?
>
> Wir haben die handelnde Person (ja, Sie!), die sich in einer bestimmten Situation befindet und diese wahrnimmt und interpretiert (Kognition).
>
> Dadurch wird wiederum eine Emotion ausgelöst, die ebenfalls wahrgenommen und interpretiert wird und gegebenenfalls zu einer Neubewertung der Situation führt.
>
> Aus diesem Prozeß folgt dann ein Verhalten, welches von dem Gegenüber wiederum beantwortet wird, wodurch für Sie wieder eine neue Situation vorhanden ist.

Das Ganze klingt jetzt ziemlich komplex. Wenn wir versuchen wollten, jede mögliche Situation, die wir in unseren sozialen Beziehungen erleben, mit diesen Begriffen zu analysieren, wären wir wahrscheinlich weitgehend handlungsunfähig, so wie man beim Gehen ins Stolpern kommt, sobald man versucht, jede einzelne dabei notwendige Muskelbewegung bewußt zu steuern.

Bei gleicher Bewertung und Interpretation derselben Situation können die eigenen Reaktionen sehr unterschiedlich ausfallen. Welche Reaktion jemand in einer gegebenen Situation zeigt, hängt auch von seinen Zielen ab.

Sie werden mit Recht fragen, warum wir uns denn nun seitenlang mit der Analyse einer sozialen Interaktion beschäftigt haben, wenn wir der Meinung sind, daß eine fortwährende Analyse unserer alltäglichen sozialen Interaktionen nicht möglich sei. Wir glauben, daß eine solche Analyse immer dann sehr hilfreich sein kann, wenn etwas nicht erwartungsgemäß oder nicht unseren Zielen und Wünschen entsprechend gelaufen ist. Immer dann sollte man in der Lage sein, die jeweilige Situation genauer zu analysieren. Nur dann kann man etwas aus der Situation lernen und sie beim nächsten Mal sinnvoller gestalten.

Kehren wir jetzt jedoch zu dem eigentlichen Thema dieses Abschnitts zurück, der *Situation*. Bei Ihnen wird vielleicht nach dem Lesen der vorhergehenden Abschnitte der Eindruck entstanden sein, daß menschliche Kommunikation noch viel komplizierter und komplexer ist, als Sie angenommen hatten. Wir wollen daher im folgenden versuchen, das Ganze wieder etwas zu vereinfachen und zu strukturieren. Betrachtet man nämlich soziale Situationen unter dem Gesichtspunkt, welche Verhaltensweisen für ein erfolgreiches Handeln jeweils sinnvoll sind, stellt man fest, daß sie sich – bei aller Unterschiedlichkeit – drei Kategorien zuordnen lassen:

Situationen vom Typ *Recht durchsetzen*

Erstens gibt es Situationen, in denen es darum geht, sein Recht durchzusetzen. Ein Beispiel:

> Ich habe mir ein neues Hemd oder eine Bluse gekauft. Beim Auspacken stelle ich fest, daß die Naht an einer Stelle gerissen ist. An dem eingepackten Kleidungsstück war das nicht zu sehen. Am nächsten Tag gehen Sie mit dem Hemd bzw. der Bluse in den Laden und verlangen von dem Verkäufer einen Umtausch.

Sie sollten klar und deutlich sagen, was Sie wollen, gegebenenfalls dafür auch eine Begründung geben. Dabei sollten Sie die »Ich-Form« verwenden.

In solchen Situationen ist das Recht ist auf Ihrer Seite; es geht einzig und allein darum, es durchzusetzen. Die Beziehung zum Verkäufer spielt keine Rolle, und es ist unwichtig, ob er Sie sympathisch oder unsympathisch findet. Es ist daher auch nicht notwendig, besonders freundlich zu sein. Andererseits ist es auch nicht sinnvoll, den Verkäufer für den Fehler verantwortlich zu machen. Der Verkäufer muß auch nicht *einsehen*, daß Sie im Recht sind.

Welche Verhaltensweisen sind in diesen Situationen wichtig?

- Lange Erklärungen oder gar Entschuldigungen sind in

solchen Situationen eher unangebracht. Sie sollten *klar und deutlich* sagen, was Sie wollen, gegebenenfalls dafür auch eine Begründung geben und das Anliegen so lange wiederholen, bis der andere darauf eingeht. Dabei sollten Sie die »Ich-Form« verwenden (»*Ich möchte ...*«). Wenn der Verkäufer versucht, Sie in ein Gespräch zu verwickeln, sollten Sie besser nicht darauf eingehen.

- Ihre Stimme sollte *laut und deutlich* sein, keinesfalls sollten Sie sich aber dazu hinreißen lassen, aggressiv zu werden.
- Wichtig in allen sozialen Situationen ist noch der *Blickkontakt*. Die meisten Menschen sind sich über die Wichtigkeit des Blickkontakts gar nicht im klaren, aber in der Praxis hat er eine enorme Bedeutung. Stellen Sie sich einmal eine Person Ihrer sozialen Umgebung vor, die ein Anliegen an Sie hat. Stellen Sie sich jetzt einmal vor, der andere schaut Ihnen dabei in die Augen – und alternativ, er schaut Ihnen nicht in die Augen. Ich denke, schon in diesem Gedankenspiel wird einem der Unterschied sehr deutlich vor Augen geführt.

Wichtig in allen sozialen Situationen: der Blickkontakt.

Diese Situation wird ausführlich auf S. 41 – 97 behandelt.

Situationen vom Typ *Beziehung*

Beginnen wir auch hier mit einem Beispiel:

> Sie haben bei der Arbeit einen anstrengenden Tag gehabt. Es war furchtbar hektisch, Ihr Chef war ausgesprochen schlecht gelaunt und hat Sie ständig genervt, und auch sonst hat es überwiegend unerfreuliche Ereignisse gegeben. Als Sie nach Hause kommen, wollen Sie eigentlich nur noch Ihre Ruhe haben. Ihr Partner ist schon zu Hause und wartet auf Sie, weil er mit Ihnen ausgehen und seine Beförderung feiern möchte.

Im Grunde genommen geht es hier überhaupt nicht um die Frage, wer das Recht auf seiner Seite hat, sondern darum, daß unterschiedliche Normen vorhanden sind, über die man diskutieren muß.

In solchen Situationen geht es in erster Linie um die Beziehung zu Ihrem Partner. Auch hier haben Sie natürlich ein Recht auf die Erfüllung Ihres Anliegens (das Bedürfnis nach einem ruhigen Abend), andererseits haben Sie aber auch das Bedürfnis, Ihren Partner nicht zu verletzen und die Beziehung zu ihm auszubauen. Behandeln Sie jetzt diese Situation wie eine vom Typ *Recht durchsetzen* (das Anliegen klar und deutlich formulieren, keine Erklärungen und Entschuldigungen), werden Sie vielleicht in der Hinsicht erfolgreich sein, daß Sie den angestrebten ruhigen Abend tatsächlich verbringen können. Im Hinblick auf Ihre Partnerbeziehung kann dieses Verhalten aber kaum ebenso erfolgreich sein, denn Ihr Partner wird sich vor den Kopf gestoßen fühlen.

Betrachten wir ein anderes Beispiel:

> Ihr Partner ist heute morgen aus dem Haus gegangen und hat wie so oft eine Riesenunordnung hinterlassen: Schränke und Schubladen stehen offen, die schmutzige Wäsche liegt auf dem Fußboden, und auf dem Küchentisch stehen das schmutzige Geschirr und die Lebensmittel. Sie räumen auf, ärgern sich aber maßlos über die hinterlassene Unordnung. Am Abend suchen Sie das Gespräch mit Ihrem Partner, um zu einer Lösung des Problems zu kommen.

Dieses Problem der unterschiedlichen Normen bezüglich Ordnung und Sauberkeit ist den meisten Leuten, die in einer Beziehung leben, wohlbekannt. Weder die Norm Ihres Partners noch Ihre eigene ist rational zu begründen. Dennoch wird genau das in vielen Partnerschaften von einem oder beiden Partnern versucht. Mit anderen Worten: Die Situation wird so behandelt, als sei sie eine vom Typ *Recht durchsetzen*.
Sie haben zwar ein Recht darauf, Ihre Gefühle, Empfindungen und Wünsche zu äußern (das ist sogar ganz wichtig), Sie

haben aber kein Recht auf die Erfüllung dieser Bedürfnisse durch Ihren Partner. Sie können die Erfüllung Ihrer Bedürfnisse nur dadurch erreichen, daß Ihr Partner sich in Sie einfühlt, Ihre Empfindungen nachvollzieht und von sich aus Ihnen entgegenkommt.

In solchen Situationen stehen nicht die Forderungen, sondern das Äußern von Gefühlen, Empfindungen und Bedürfnissen im Vordergrund.

In solchen Situationen stehen daher nicht die Forderungen, sondern das Äußern von Gefühlen, Empfindungen und Bedürfnissen im Vordergrund. Das Ziel besteht darin, Ihr »Innenleben« so darzustellen, daß Ihr Partner es gut nachempfinden und verstehen kann. Das Gegenstück, das Zuhören-Können, ist natürlich genauso wichtig, wobei unter *Zuhören* hier richtiges aktives Zuhören verstanden werden soll, das Sich-Einfühlen in den anderen.
Diese Situation wird ausführlich auf S. 98–134 behandelt.

Situationen vom Typ *Sympathie gewinnen*

Beginnen wir auch hier mit einigen Beispielen:

Sie gehen in ein Café und sehen an einem Tisch eine Person sitzen, die Sie sehr attraktiv finden und kennenlernen möchten.
Sie gehen einkaufen. Als Sie zu Ihrem Auto zurückkehren, sehen Sie, daß die Parkuhr abgelaufen ist und eine Politesse gerade damit begonnen hat, eine Verwarnung zu schreiben. Sie versuchen, die Politesse dazu zu bewegen, auf die Verwarnung zu verzichten.
Sie bewerben sich um eine neue Stelle und werden zu einem Vorstellungsgespräch eingeladen.

Für manche Menschen ist es ethisch nicht vertretbar, andere Leute um des eigenen Vorteils willen zu manipulieren – und »einschleimen« steht für ein solches Verhalten. Wir glauben, daß hier das Werkzeug mit dem Ziel verwechselt wird.

Diesen Situationen ist gemeinsam, daß Sie Ihr Ziel nur dadurch erreichen können, daß Ihr Gegenüber Sie nett und sympathisch findet. Sie haben hier keinerlei Rechte darauf, daß der andere sich Ihren Wünschen gemäß verhält. Alle Rechte liegen bei der anderen Person. Hier müssen Sie also Ihren ganzen Charme spielen lassen, Sie müssen freundlich sein, Komplimente machen, wenn sich die Gelegenheit ergibt, interessiert zuhören und nachfragen, wenn der andere etwas erzählt. Man kann das Ganze auch anders ausdrücken: Sie müssen sich »einschleimen«. Dieser Begriff ist sehr negativ. Wir haben ihn trotzdem hier mit aufgeführt, weil er gut die Schwierigkeiten kennzeichnet, die viele Leute mit diesen Situationen haben. In vielen Trainingsveranstaltungen haben wir die Erfahrung gemacht, daß manche Menschen ein ungutes Gefühl haben, wenn sie bewußt und gezielt die in diesen Situationen erforderlichen Verhaltensfertigkeiten zeigen sollen. Sie halten es für ethisch nicht vertretbar, andere Leute um des eigenen Vorteils willen zu manipulieren – und »einschleimen« steht für ein solches Verhalten. Wir glauben, daß hier das Werkzeug mit dem Ziel verwechselt wird. Ob ich es für vertretbar halte, in dem obigen Beispiel die Politesse dazu zu bewegen, ihre Verwarnung wieder zu zerreißen, ist in der Tat eine Entscheidung, die ich für mich selber treffen muß. Hierüber kann man durchaus verschiedener Meinung sein. Aber das Problem liegt in *dieser* Entscheidung, nicht in dem Verhalten, das ich dann zeige.

Das Verhalten eines erfolgreichen Verkäufers ist ein weiteres Beispiel für soziale Kompetenz in diesem Bereich. Ein guter Verkäufer hat gelernt, daß er in erster Linie sich selbst gut verkaufen muß. Die Vorteile und Qualitäten des Produkts spielen längst nicht die Rolle, die ihr von den meisten Menschen – unerfahrene Verkäufer eingeschlossen – zugesprochen wird.

Diese Situation wird ausführlich auf S. 135 – 153 behandelt.

Vergleich der Situationstypen

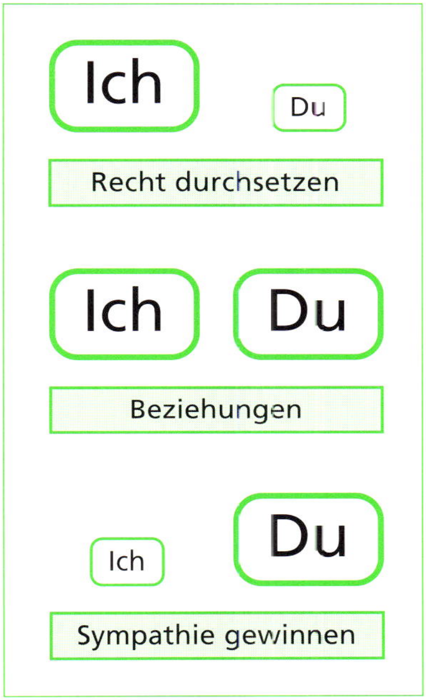

Abb. 4: Das Verhältnis der Rechte in verschiedenen Situationen

Wir sind der Überzeugung, daß viele Probleme in der sozialen Interaktion darin begründet sind, daß einer (oder beide) der Beteiligten die Situation falsch definiert und sich deshalb unangemessen verhält.

Bei einem Vergleich dieser drei Situationstypen fällt auf, daß ein wesentlicher Unterschied in der Rechtssituation besteht: Bei Situationen vom Typ *Recht durchsetzen* habe ich alle Rechte auf meiner Seite, genau umgekehrt verhält es sich bei Situationen vom Typ *Sympathie gewinnen*, und bei Situationen vom Typ *Beziehungen* sind die Rechte ausgeglichen. Wir haben versucht, dies in der Abbildung 4 auf dieser Seite zu verdeutlichen.

Die Verhaltensweisen, die in diesen Situationen jeweils zum Erfolg führen, sind ganz unterschiedlich, wie wir in den vorigen Abschnitten gezeigt haben. Wir sind der Überzeugung, daß viele Probleme in der sozialen Interaktion darin begründet sind, daß einer (oder beide) der Beteiligten die Situation falsch definiert und sich deshalb unangemessen verhält.

Fasse ich z. B. Beziehungssituationen als solche vom Typ *Recht durchsetzen* auf, werde ich meinen Partner wahrscheinlich ziemlich oft vor den Kopf stoßen. Er oder sie wird das wahrscheinlich als Angriff betrachten und vielleicht mit einem Gegenangriff beantworten, was bei mir wieder entsprechende Reaktionen auslöst, usw. Ganz schnell kann die Situation auf diese Weise eskalieren und in eine handfeste Auseinandersetzung münden. Hinterher weiß man dann oft überhaupt nicht zu erklären, wie so etwas passieren konnte.

Soziale Kompetenz ist dann gegeben, wenn man in der Lage ist, die der jeweiligen Situation angemessenen Verhaltensweisen zu zeigen.

Manchmal erlebt man auch Partnerschaften, in denen ein Partner nie richtig über das *Sympathie gewinnen* hinausgekommen ist, ein Verhalten, welches in der Kennenlernphase durchaus zweckmäßig ist. Es muß aber spätestens dann, wenn aus dem Kennenlernen eine Beziehung geworden ist, mindestens teilweise durch andere Verhaltensweisen ersetzt werden. Solche Menschen wirken dann oft etwas profillos und sind letztlich nicht in der Lage, eine stabile und intensive Beziehung aufrecht zu erhalten.

Soziale Kompetenz ist dann gegeben, wenn man in der Lage ist, die der jeweiligen Situation angemessenen Verhaltensweisen zu zeigen. Dazu gehört auch, daß man sein Verhalten den Situationsanforderungen entsprechend schnell und flexibel verändern kann.

Im folgenden werden wir diese drei Situationstypen nun ausführlicher behandeln und vor allem auch einige Übungen durchführen, die Ihnen helfen sollen, die jeweils notwendigen Verhaltensfertigkeiten besser als bisher zu beherrschen.

Situationen Typ 1: Recht durchsetzen

Welche Situationen sind gemeint? Beginnen wir mit drei Beispielen:

> Frau Mueller hat sich für eine lange Zugfahrt eine Platzkarte gekauft. Der Zug ist sehr voll. Auf ihrem Platz sitzt ein junger Mann.

> Frau Schultze hat in der letzten Frauenzeitschrift eine schicke Frisur gesehen, die sie selbst gern haben möchte. Sie geht also zum Friseur und zeigt ihm das entsprechende Bild. Die Frisur, die sie bekommt, hat allerdings nicht die entfernteste Ähnlichkeit mit der auf dem Bild.

> Herr Schmitt hat sich einen neuen Fotoapparat gekauft. Als er ihn das erstemal ausprobieren möchte, bemerkt er, daß er nicht funktioniert.

Die Ausgangslage

Die drei Personen in diesen einfachen Beispielen befinden sich in ganz verschiedenen Situationen, die sich aber in einer Hinsicht wiederum sehr ähnlich sind. Was ihre Situation so ähnlich macht, ist eine bestimmte Ausgangslage: Sie alle haben berechtigte Ansprüche auf etwas. Frau Mueller hat mit der Platzkarte einen Anspruch auf einen bestimmten Sitzplatz erworben, Frau Schultze einen auf die Leistung (die Frisur aus der Zeitschrift), die sie gefordert hat, und Herr Schmitt hat Anspruch auf einen funktionierenden Fotoapparat.

Eigentlich brauchte man kein Wort darüber zu verlieren, wenn es nicht immer wieder vorkäme, daß solche berechtigten Ansprüche von anderen absichtlich oder versehentlich übergangen würden. Der junge Mann im Zug hat den Reservierungshinweis nicht beachtet, der Friseur hat nicht ordentlich gearbeitet oder sich die Vorlage aus der Zeitschrift nicht gründlich angeschaut, und der Verkäufer hat ein defektes Gerät verkauft.

Aus rechtlicher Sicht ist die Ausgangslage für Frau Mueller, Frau Schultze und Herrn Schmitt eindeutig: sie haben ein Recht darauf, daß ihre Ansprüche erfüllt werden.

Die Situation

Die Situationen vom Typ *Recht durchsetzen* zeichnen sich dadurch aus, daß eine Person eine andere dazu bringen möchte, ihre legitime Forderung zu erfüllen. Andere Ziele sind daneben unbedeutend.

Aus der Ausgangslage wird nun die Situation, um die es in diesem Kapitel geht. Die drei Personen aus den Beispielen stehen jetzt vor der Aufgabe, ihre Ansprüche geltend zu machen. Sie befinden sich damit in typischen Situationen, die wir als *Recht durchsetzen* bezeichnen.

Die Situationen vom Typ *Recht durchsetzen* zeichnen sich dadurch aus, daß eine Person eine andere dazu bringen möchte, ihre legitime Forderung zu erfüllen. Andere Ziele sind daneben unbedeutend.

Wir beginnen die Übungen zum sozial kompetenten Verhalten nicht etwa mit diesen Situationen, weil sie am häufigsten im Leben auftreten. Sie stehen auch nicht am Anfang, weil mit dem Verhalten, das hier günstig ist, möglicherweise auch alle anderen Situationen im Leben gut gemeistert werden können. Der Grund dafür, daß wir mit dem Typ *Recht durchsetzen* beginnen, besteht vor allem darin, daß diese Situationen eine ganz klare, einfache Struktur haben: Es gibt nur *ein* Ziel für den, der handelt, und wie wir sehen werden, auch im wesentlichen nur eine optimale Strategie, wie dieses Ziel erreicht werden kann. Wir müssen noch nicht einmal das Verhalten des Gegenüber genauer analysieren. Obwohl also diese Situation so klar ist, birgt sie für viele Leute trotzdem eine ganze Menge von Schwierigkeiten und möglichen Hindernissen. Schauen wir uns darum zuerst an, an welchen Stellen sich die wichtigsten »Stolpersteine« verstecken.

Rechte einfordern

Ganz sicher verbirgt sich die größte Schwierigkeit in dem einen grundlegenden Satz dieser Situation: Wer eine legitime Forderung hat, kann auf deren Erfüllung bestehen. Bei genauerem Hinsehen müssen, bevor ich überhaupt frage, wie ich denn auf einer Erfüllung meiner Ansprüche bestehen soll, einige Vorentscheidungen schon getroffen sein. Vom Ausgang dieser Vorentscheidungen hängt, noch bevor ich mich überhaupt irgendwie verhalten habe, schon ein großer Teil meines möglichen Erfolges ab. Um welche Vorentscheidungen handelt es sich also?

Rechte muß man kennen!

Ein erster Stolperstein kann sein, daß die rechtlichen Voraussetzungen, die Legitimität der Forderungen also, nicht sicher bekannt sind. Für Frau Mueller ist es darum wichtig zu wissen, unter welchen Bedingungen ihr Anspruch auf den von ihr reservierten Sitzplatz besteht und unter welchen Bedingungen er vielleicht erloschen ist. Gleiches gilt für Frau Schultze. Sie muß wissen, auf welchen Leistungen sie bestehen kann und welche Möglichkeiten der Reklamation sie hat. Auch Herrn Schmitt sollten die Garantie- und Reklamationsbestimmungen wenigstens ansatzweise bekannt sein.

Nun ist es aber für den juristischen Laien fast unmöglich, sämtliche gesetzlichen Regelungen zu überschauen, geschweige denn, sie tatsächlich in allen ihren Feinheiten zu kennen. Darin liegt eine gewisse Schwierigkeit für das Verhalten in der Situation *Recht durchsetzen*.
Nicht genau zu wissen, ob das, was eingefordert werden soll, auch tatsächlich rechtlich legitimiert ist, macht unsicher. Und ist man unsicher, sinken die Chancen für den Erfolg der Bemühungen, noch bevor ich tatsächlich etwas unternommen habe. Im anderen Fall – wenn wir glauben, im Recht zu sein, es aber tatsächlich nicht sind – könnte es eventuell peinlich werden, oder es könnte gar ein Streit vom Zaun gebrochen werden, der ganz und gar unnötig wäre.
Wenn es für Sie in bestimmten Situationen nicht eindeutig klar sein sollte, ob Ihre Forderung wirklich legitim ist, dann sollten Sie sich eventuell zuerst informieren, bevor Sie Ihr Recht durchsetzen (z. B. durch einen Anruf bei der Verbraucherzentrale). Das ist allerdings nicht immer möglich oder aber nur mit unangemessen hohem Aufwand wirklich durchzuführen.

Sie sollten die Rechtsfrage nicht überbewerten.

Allerdings sollte das Problem der rechtlichen Legitimität hier nicht überbewertet werden. Dabei gerät aus dem Blickfeld, daß die allermeisten dieser Situationen auch in rechtlicher Sicht doch recht eindeutig sind, daß also in aller Regel das »persönliche Rechtsempfinden« mit der Gesetzeslage relativ gut übereinstimmt. Zudem wird in der Praxis meistens die Frage der rechtlichen Legitimität überhaupt nicht zum Tragen kommen, da auch das jeweilige Gegenüber ein Interesse an einer friedlichen Regelung hat.
So wird der defekte Fotoapparat von Herrn Schmitt natürlich mit an Sicherheit grenzender Wahrscheinlichkeit anstandslos umgetauscht werden. Der Verkäufer hat zum ei-

nen ein Interesse an zufriedenen Kunden, und zum anderen entstehen ihm dadurch keine Kosten, da diese wiederum sein Lieferant trägt. Auch der Friseur von Frau Schultze lebt von zufriedenen Kunden und wird deshalb wahrscheinlich im Fall von Frau Schultze sehr viel tun, um sie zufriedenzustellen. Etwas schwieriger wird es in dem Beispiel mit der Platzkarte sein. Hier ist für den, der unberechtigterweise auf dem Platz von Frau Mueller sitzt, nichts zu gewinnen, wenn er der Forderung von Frau Mueller stattgibt – er hat im Gegenteil etwas zu verlieren (nämlich seinen Sitzplatz) und wird daher mit größerer Wahrscheinlichkeit der Forderung Widerstand entgegensetzen.

Je stärker Sie das Gefühl haben, das Recht auf Ihrer Seite zu haben, desto sicherer werden Sie auftreten.

Auf jeden Fall sollten Sie in einem ersten Schritt überlegen, welches Ihre Rechte sind und welche Forderungen Sie haben, denn je stärker Sie das Gefühl haben, daß das Recht auf Ihrer Seite ist, desto sicherer werden Sie auftreten.

Regel 1: Machen Sie sich klar, welches Ihre Rechte sind und was Sie erreichen wollen!

Sie müssen Ihre Rechte kennen, aber nicht in Anspruch nehmen

Ein zweites Hindernis verbirgt sich für manche Leute hinter dem Wörtchen *kann*. Dieses Wort bedeutet zweierlei: in der Lage sein, etwas zu tun – oder aber die Möglichkeit haben, etwas zu tun. Beginnen wir mit der zweiten Bedeutung. *Können* heißt hier natürlich nicht *müssen*. Niemand, der erkennt, daß er einen berechtigten Anspruch auf etwas hat, ist in irgendeiner Weise dazu verpflichtet, seine Rechte einzufordern. Jedem ist es freigestellt, darauf zu verzichten. Ob ich verzichte oder nicht, hängt von vielen Bedingungen ab. Wenn Frau Mueller zum Beispiel sieht, daß ihr der reservierte Platz, der ja nun besetzt ist, sowieso weniger zusagt als ein anderer freier und nicht reservierter Platz, dann mag es für sie klüger sein, sich auf diesen zu setzen. Und wenn Frau Schultzes Frisur noch viel schöner ist als die auf dem

Foto, dann kann sie sich freuen. Warum sollte sie nun noch darauf bestehen, daß der Friseur etwas ändert?
Doch solche Fälle sind nicht die Regel. Meistens kommen wir ja erst auf den Gedanken, ein Recht einzufordern, wenn wir mit einer Leistung oder einer Situation nicht einverstanden sind. Doch auch in diesem Fall steht es noch immer jedem frei, sich dafür zu entscheiden, nichts zu unternehmen.

Es steht noch immer jedem frei, sich dafür zu entscheiden, nichts zu unternehmen.

Für so eine Entscheidung kann es gute Gründe geben. Eine Teilnehmerin an einem von uns durchgeführten Training meinte zum Beispiel, daß sie gegen einen Mieter im Haus, der bis in die frühen Morgenstunden hinein eine rauschende Party feiert, niemals ihr Recht auf ungestörte Nachtruhe einfordern würde. Schließlich sei in der Regel *sie* es, die den meisten Lärm mache, und bis jetzt habe das jeder im Haus toleriert. Sie habe also vielleicht juristisch betrachtet das Recht, vom lärmenden Nachbarn Ruhe zu fordern, moralisch betrachtet habe sie dieses Recht jedoch nicht. Ein anderer Teilnehmer erzählte, daß er mit der lauten Musik seines Nachbarn recht gut leben könne, weil sie ihm selbst gut gefalle. Auf diese Weise wäre er schon auf so manche neue CD aufmerksam geworden.
Sie sehen: Nicht immer, wenn berechtigte Ansprüche bestehen, müssen diese auch durchgesetzt werden. Bevor es so weit ist, sollte man abwägen, ob man die Situation als eine vom Typ *Recht durchsetzen* betrachten will oder nicht. In manchen Fällen ist die Entscheidung überhaupt keine Frage, in anderen Fällen ist sie vielleicht etwas schwieriger. Oftmals ist es lediglich eine Frage der Toleranz, die die Waage mehr nach der einen oder nach der anderen Seite ausschlagen läßt.

Was aber, wenn die Grenzen der Toleranz überschritten werden?

Wie lernt man, Rechte in Anspruch zu nehmen?

Erst damit sind wir beim eigentlichen Kern dieses Kapitels angelangt: Wie muß ich mich verhalten, um effektiv mein Recht durchzusetzen? Alle bisherigen Vorüberlegungen betrafen lediglich die Entscheidung darüber, ob ich eine bestimmte Situation als eine des Typs *Recht durchsetzen* betrachten will oder nicht.

Die Regeln, die in diesen Situationen befolgt werden sollten, sind eigentlich recht einfach:

Regel 2: Sprechen Sie Ihre Forderung deutlich aus!

Das Aussprechen von Forderungen ist oft davon abhängig, ob ich den anderen kenne oder nicht.

Eine Forderung auszusprechen mag für den einen überhaupt kein Problem sein, für den anderen erfordert aber bereits dieser Schritt ein gewisses Maß an Mut und Überwindung. Dieses Maß ist oft davon abhängig, ob ich die Person, gegen die ich ein Recht durchsetzen möchte, kenne oder nicht. Sicher ist es schwieriger, die Party des Nachbarn zu unterbrechen, weil ich wegen des Lärms nicht schlafen kann (ich möchte meinen Nachbarn ja nicht verärgern), als einem unwillkommenen Versicherungsvertreter (den ich nicht kenne und der mir relativ gleichgültig ist) den Zutritt zu meiner Wohnung zu verweigern. Und sicher ist es auch schwieriger, einem netten Nachbarn gegenüber auf Ruhe zu bestehen, als gegenüber einem Nachbarn, den ich nicht leiden kann und mit dem ich schon seit Monaten Ärger habe.

Von jemandem etwas zu fordern wird für die meisten dann schwieriger sein, wenn zu diesem eine Beziehung besteht. Man hat dann Angst, diese Beziehung könnte gestört werden oder man könnte bei dem anderen Sympathien einbüßen. In vielen Fällen sind solche Bedenken völlig unbegründet, ja irrelevant. Wenn ich z. B. etwas umtausche, besteht in der Regel zu dem Verkäufer keine persönliche Beziehung. Insofern kann es mir völlig gleichgültig sein, ob ich bei diesem Sympathiepunkte einbüße oder nicht. Aber auch wenn eine Beziehung besteht, ist es oftmals viel sinnvoller (und auch für die Beziehung förderlicher), die Forderung klar und deutlich zum Ausdruck zu bringen, als sich still zu ärgern. Viele Menschen fressen den Ärger in sich hinein, um ihn dann womöglich an anderer Stelle wieder loszuwerden. Das ist für den anderen dann überhaupt nicht zu verstehen, weil der Zusammenhang nicht klar ist.

Eine berechtigte Forderung zu stellen und durchzusetzen bedeutet weder jemanden zu belästigen oder zu beleidigen noch ihn zu bestrafen. Deshalb:

Regel 3: Eine berechtigte Forderung stellen ist kein Angriff! Das Ziel besteht nicht in der Verletzung des anderen.

Die Wahrscheinlichkeit, daß Sie Ihre Forderung durchsetzen, wird um so größer sein, je weniger Sie sich zu aggressiven und beleidigenden Äußerungen hinreißen lassen.

Die Wahrscheinlichkeit, daß Sie Ihre Forderung durchsetzen, wird um so größer sein, je weniger Sie sich zu aggressiven und beleidigenden Äußerungen hinreißen lassen. Bleiben Sie sachlich und vermeiden Sie alles, was von dem anderen als Angriff gedeutet werden kann. Fühlt der andere sich angegriffen, wird das lediglich dazu führen, daß er seine »Verteidigungslinien« organisiert, was die Durchsetzung Ihrer Forderung nur schwieriger machen kann. Auf der anderen Seite besteht aber auch kein Anlaß, Ihre Forderung aus lauter Angst, den anderen zu verletzen, durch Entschuldigungen und lange Erklärungen zu relativieren. Deshalb:

Regel 4: Wenn Sie eine berechtigte Forderung stellen, müssen Sie sich weder dafür entschuldigen noch rechtfertigen!

Wenn Herr Schmitt also seinen Fotoapparat zum Umtausch wieder in das Geschäft zurückbringt, in dem er ihn gekauft hat, dann ist es weder sinnvoll, den Verkäufer für den Ärger verantwortlich zu machen oder ihm gleich mit dem Anwalt zu drohen, noch ist es sinnvoll, lange Erklärungen abzugeben, was er alles mit dem Fotoapparat gemacht hat, um festzustellen, was defekt ist – oder sich gar zu entschuldigen, weil er dem Verkäufer zur Last fällt. Herr Schmitt hat einen Schaden (nämlich eine defekte Ware) und sollte bis zum Beweis des Gegenteils davon ausgehen, daß auch der Verkäufer ein Interesse hat, diese Angelegenheit möglichst schnell und unproblematisch zu regeln. Sollte der Verkäufer wider alle Vernunft dazu nicht bereit sein, ist immer noch Zeit, schwereres Geschütz aufzufahren (z. B. damit zu drohen, sich beim Geschäftsführer zu beschweren oder einen Anwalt hinzuzuziehen).

Recht haben und Recht bekommen, das sind zwei Paar Schuhe.

Recht haben und Recht durchsetzen sind manchmal verschiedene Dinge. Selbst wenn Sie Ihre Forderung deutlich zum Ausdruck gebracht, weder aggressiv geworden sind noch lange Entschuldigungen abgegeben haben, kann es passieren, daß der andere nicht auf Ihre Forderung eingeht. Weigert sich der Verkäufer, das Gerät zurückzunehmen (oder weigert sich der junge Mann, den reservierten Platz zu räumen), dann nützt es Herrn Schmitt und Frau Mueller überhaupt nichts, Recht zu haben, solange sie dieses Recht nicht auch durchsetzen können.

Regel 5: Bestehen Sie auf Ihren Forderungen!

Recht durchsetzen – aber wie?

An dieser Stelle liegt der größte der angekündigten Stolpersteine. Vorausgesetzt, die Rechte sind bekannt und die Entscheidung ist gefällt, daß sie als berechtigte Forderung durchgesetzt werden sollen, dann ist immer noch nicht ganz klar, welches Verhalten in dieser Situation angebracht ist. Wie schaffe ich es, daß der andere meine legitime Forderung erfüllt? Was kann ich tun, wenn der andere versucht, mich in eine Diskussion zu verwickeln, aber keinerlei Anstalten macht, das zu tun, was ich möchte? Gibt es so etwas wie einen Trick, gibt es so etwas wie eine *optimale Verhaltensstrategie*, die die Wahrscheinlichkeit, daß ein Recht auch

tatsächlich durchgesetzt werden kann, möglichst groß macht?
Mit diesen Fragen wollen wir uns in diesem Kapitel jetzt näher beschäftigen. Auch wenn Sie nicht zu den Menschen gehören, die sich in solchen Situationen eher unsicher fühlen und die vielleicht schon erlebt haben, daß sie in solchen Situationen trotz ihres guten Rechts den kürzeren ziehen mußten, sollten Sie die folgenden Abschnitte nicht überschlagen, denn sie sind auch für das Verständnis der darauffolgenden Kapitel wichtig.
Fragen wir zunächst danach, was denn überhaupt *Erfolg* und *Mißerfolg* in solchen Situationen heißt, und dann, wodurch sich erfolgreiches und nicht erfolgreiches Verhalten in solchen Situationen unterscheidet.

Erfolg und Mißerfolg

Sehen wir uns zuerst an, wie sich die drei Personen aus unseren Beispielen verhalten:
Frau Mueller sagt zu dem jungen Mann, der auf ihrem Platz sitzt: *»Ähm, ja, also eigentlich habe ich eine Platzkarte für den Sitz. Tja, das ist mir aber jetzt wirklich unangenehm. Aber vielleicht könnten Sie sich nach einem anderen Platz umschauen?«* Der junge Mann tut jedoch nicht desgleichen und diskutiert so lange, bis sich Frau Mueller geschlagen gibt und vor dem Zugabteil bis zur Zielstation des Herrn wartet.
Frau Schultze, sich im Spiegel betrachtend und im Grunde entsetzt über ihre Frisur, sagt zu ihrem Friseur: *»Na, da haben Sie ja mal wieder gezeigt, was Sie alles können.«* Mit säuerlicher Miene bezahlt sie und geht.
Herr Schmitt spricht den Verkäufer mit den Worten an: *»Gut, daß ich gerade Sie antreffe. Sie haben mir da einen kaputten Fotoapparat angedreht. Das ist ja einfach un-*

glaublich. Tauschen Sie den um, oder ich beschwere mich über Sie bei Ihrem Chef.« Der Verkäufer entschuldigt sich und tauscht den Fotoapparat um.

Wir sehen, daß sich unsere drei Helden ganz unterschiedlich verhalten haben, obwohl sie im Prinzip vor der gleichen Aufgabe standen. Bevor wir zu der Frage kommen, wie denn nun der Erfolg oder Mißerfolg in diesen Beispielen aussieht, werden wir nochmals die fünf Regeln zu Rate ziehen, um auf verschiedene Fehlerquellen aufmerksam zu machen.

Regel 1: Machen Sie sich klar, welches Ihre Rechte sind und was Sie erreichen wollen!

Regel 2: Sprechen Sie Ihre Forderung deutlich aus!

Regel 3: Eine berechtigte Forderung stellen ist kein Angriff! Das Ziel besteht nicht in der Verletzung des anderen.

Regel 4: Wenn Sie eine berechtigte Forderung stellen, müssen Sie sich weder dafür entschuldigen noch rechtfertigen!

Regel 5: Bestehen Sie auf Ihren Forderungen!

Regel 1

Darüber, ob die drei Personen sich klargemacht haben, welches ihre Rechte sind und was sie erreichen wollen (Regel 1), können wir natürlich nur spekulieren. Immerhin könnte man aus dem Verhalten von Frau Mueller schließen, daß sie sich über ihre Rechte relativ wenig im klaren war. Gleiches gilt für Frau Schultze.

Regel 2

Eindeutig sind die Unterschiede zwischen den drei Personen bezüglich Regel 2. Während Frau Mueller und Herr Schmitt ihre Forderung zum Ausdruck bringen (Herr Schmitt sehr entschieden, Frau Mueller dagegen eher zögerlich, was wahrscheinlich damit zusammenhängt, daß sie sich vorher nicht richtig verdeutlicht hat, welches ihre Rechte sind), hat Frau Schultze ihre Forderung nicht ausgesprochen. Jedenfalls nicht direkt. Sie hat eine Variante gewählt, die im täglichen Umgang gar nicht mal so selten ist: Ironie oder gar Sarkasmus.

Regel 3

Wir können nicht einschätzen, ob Frau Schultze mit ihrer Bemerkung erhofft hat, daß sich der Friseur dadurch an seiner Ehre gepackt fühlt und von sich aus eine Nachbesserung vorschlägt oder ob sie sich nicht getraut hat, ihre Unzufriedenheit direkt auszusprechen. Was aber sicher ist: Sie hat damit Regel 3 verletzt. So witzig Ironie und Sarkasmus auch sein mögen – und wer wünscht sich nicht, mal so richtig schlagfertig zu sein – es ist auch eine Verletzung des anderen. Nicht jede ironische oder sarkastische Bemerkung ist gleich ein Schlag in die Magengrube, und nicht jede hinterläßt Blessuren. Das hängt ganz sicher vom Geschick des einen und von der »Felldicke« des anderen ab. Doch potentiell – und das sollte jedem, der gern ironisch ist, bewußt sein – können solche Bemerkungen verletzen.

Auf der anderen Seite sind ironische Sticheleien auch nicht für jeden verständlich. Es gibt Leute mit einem sehr feinen Gespür dafür und solche, die Ironie gar nicht wahrnehmen und alles für bare Münze nehmen. Angenommen, der Friseur gehört zu den letzteren, dann könnte er durchaus meinen, seine Kundin sei über alle Maßen zufrieden. Er wird beim nächsten Mal wieder die gleiche Frisur zaubern, um

sie wieder so glücklich zu machen. Frau Schmitt hätte sich in diesem Fall irgendwie selbst reingelegt.
Ohne Ironie, dafür aber offen gegen Regel 3 verstoßend, kommt Herr Schmitt einher. Warum, um alles in der Welt, ist er dem Verkäufer gegenüber so aggressiv? Er mag sich geärgert haben. Das wäre sehr verständlich. Aber muß er tatsächlich mit so schwerem Geschütz aufwarten, um den Umtausch seines Fotoapparats zu erreichen? Vielleicht hat er von vornherein damit gerechnet, daß ihm der Verkäufer Schwierigkeiten machen könnte, und wollte darum möglicherweise gleich alle Diskussion unterbinden. Dabei hat er sich allerdings völlig unnötig aufgeregt. Für ihn selbst ist ein solches Vorgehen nur Energieverschwendung – der Verkäufer wird dieses Verhalten dagegen als einen Angriff gegen seine Person empfinden und könnte dadurch in Versuchung kommen, mit einem Gegenangriff zu antworten und den Umtausch erst einmal zu verweigern.

Was denkt wohl der andere?

Die Vorstellungen, die sich Personen darüber machen, wie der andere wohl reagieren würde, haben sehr großen Einfluß auf ihr eigenes Verhalten. Natürlich sind solche inneren Dialoge oder auch »Vorwegnahmen« dafür notwendig, daß Menschen in ihrer Umgebung zielorientiert und erfolgreich handeln können. Allerdings können solche Vorwegnahmen auch merkwürdige Blüten treiben. Dafür ist folgende Geschichte gut bekannt:
Ein Mann hat sich vorgenommen, heute endlich ein Regal in seiner Wohnung anzubringen. Als er anfangen will, merkt er, daß sein Hammer weg ist. Er überlegt, was er nun machen könne, und kommt auf die Idee, bei seinem Nachbarn zu klingeln und ihn zu fragen, ob er ihm seinen Hammer leihen könne. Eigentlich kann er diesen Nachbarn recht gut leiden. Er ist ein netter Mensch, und man hat sich schon oft gegenseitig geholfen. Dann fällt ihm aber plötzlich ein, daß genau dieser Nachbar letzte Woche von ihm Salz borgen wollte, er aber keines im Hause hatte. Nun beginnt der »innere Dialog«: Der Nachbar hat vielleicht gedacht, daß ich ihm einfach kein Salz borgen wollte. Wenn ich jetzt zu

Textblock 1: Internale und externale Kontrollüberzeugungen

In der Psychologie gilt die Art und Weise, wie sich eine Person die Erfolge oder Mißerfolge ihrer Handlungen erklärt, als wichtiges Persönlichkeitsmerkmal bzw. als wichtige Eigenschaft. Diese Eigenschaft – man bezeichnet sie als *Kontrollüberzeugung* – hat Einfluß auf viele Bereiche des Erlebens und Verhaltens von Personen. Die zwei Pole, zwischen denen sich der Grad der *Kontrollüberzeugung* bewegt, werden als *internal* und *external* bezeichnet.

Externale Kontrollüberzeugung bedeutet, daß die Person die Ursachen für den Erfolg oder Mißerfolg ihrer Handlungen überwiegend auf äußere Umstände zurückführt. Hat zum Beispiel ein Student mit externaler Kontrollüberzeugung in einer Prüfung versagt, dann könnte er dieses Versagen darauf zurückführen, daß der Prüfer gemeine Fragen gestellt hat oder daß er Pech gehabt hat. Im Erfolgsfall könnte er das mit Glück oder auch damit erklären, daß die Prüfung besonders leicht war.
Im Vergleich dazu heißt *externale Kontrollüberzeugung*, daß ein Mensch die Ursachen für Erfolg und Mißerfolg bei sich selbst sieht. Ein internal kontrollüberzeugter Student würde bei einer guten Prüfung sagen, er habe eben gut gelernt oder sei besonders begabt. Hätte er die Prüfung nicht bestanden, dann würde das seiner Meinung nach daran liegen, daß er sich nicht ausreichend vorbereitet habe oder ihm die Begabung fehle.

Des weiteren kann man solche Erklärungen noch danach unterscheiden, ob die Ursache stabil oder variabel ist. In dem obigen Beispiel wären die Begabung und die Strenge des Prüfers stabile Ursachen, Glück/Pech und mangelnde/gute Vorbereitung wären dagegen variable Ursachen. Im folgenden Schema sind die vier möglichen Ursachenerklärungen für das Beispiel der nicht bestandenen Prüfung dargestellt.

	stabil:	variabel:
external	*»Der Prüfer war zu streng.«*	*»Ich habe Pech gehabt.«*
internal	*»Ich bin nicht begabt genug.«*	*»Ich war nicht gut genug vorbereitet.«*

Diese Kategorisierung macht natürlich nur dann einen Sinn, wenn sich daraus irgendwelche Konsequenzen ergeben. Diese Konsequenzen sind in der Tat ganz beträchtlich. Sucht man die Ursachen für einen Mißerfolg vor allem in den äußeren Umständen (*externale Kontrollüberzeugung*), dann wird man sich wahrscheinlich ziemlich hilflos fühlen, man kann nicht viel machen, man ist von den äußeren Umständen abhängig. Sehe ich die Ursachen für den Mißerfolg dagegen bei mir selbst, dann macht es einen großen Unterschied, ob ich den Mißerfolg auf meine mangelnde Begabung (*stabil*) oder auf meine unzureichende Vorbereitung (*variabel*) zurückführe. Nur im zweiten Fall kann ich etwas verändern, z.B. mich für die nächste Prüfung besser vorbereiten. Nur dann, wenn ich Mißerfolge auf meine mangelnde/unzureichende Vorbereitung zurückführe, kann ich aus Mißerfolgen etwas lernen. Alle anderen Erklärungsmuster sind eher destruktiv. Deshalb:

Haben Sie einen Mißerfolg zu verarbeiten, so hadern Sie nicht mit dem Schicksal, sondern überlegen Sie sich, was Sie beim nächsten Mal besser machen könnten!

ihm gehe, wird er sich daran erinnern und dann vielleicht zögern, mir den Hammer zu geben. Aber dann wird er sicher denken, daß ich mir denken kann, was er sich denkt. Wenn aber er denkt, was ich mir denke, daß er denkt, dann gibt er mir vielleicht den Hammer, um mich zu beschämen. Na, was bildet denn der sich ein. Ich muß mich doch von dem nicht beschämen lassen. Wer weiß, was der über mich erzählt! Dem werde ich es zeigen. Von so einem borge ich mir doch keinen Hammer! Völlig außer sich läutet unser Mann bei seinem Nachbarn Sturm. Und als dieser öffnet, schreit er ihn an: »Behalte doch deinen blöden Hammer für dich!«

Regel 4, Regel 5

Mit Regel 4 (keine Entschuldigungen und keine langen Erklärungen) hatte, wie wir sahen, Herr Schmitt keine Probleme. Doch Frau Mueller strauchelt genau hier. Sie fühlt sich bemüßigt, sich vor dem jungen Mann dafür zu entschuldigen, daß sie eine Platzkarte hat. Es scheint ihr unangenehm, wenn nicht gar peinlich zu sein, ihn darauf hinzuweisen, daß nicht er, sondern sie ein Recht auf diesen einen Platz hat. Doch der junge Mann zeigt sich nicht einsichtig. Frau Mueller ist hilflos. Sie weiß vielleicht nicht, daß sie nach Regel 5 auf ihrer Forderung ganz fest beharren muß. Sie läßt sich zu Boden diskutieren, gibt auf und wartet nun also lieber ab, bis er aussteigt. Wenn sie Glück hat, braucht sie nicht allzu lange zu stehen. Aber das ist keineswegs sicher.

Alles in allem können wir wohl von keiner dieser drei Personen ehrlichen Herzens sagen, sie habe die Situation *Recht durchsetzen* wirklich kompetent bewältigt. Frau Mueller und Frau Schulze haben ihr Ziel – eben: ihr Recht durchzusetzen – nicht erreicht. Weder die zaghaften Versuche von Frau Mueller noch der Seitenhieb von Frau Schultze waren geeignet, die anderen Personen dazu zu bewegen, daß sie ihre legitimen Forderungen erfüllen. Selbst das forsche Auf-

treten von Herrn Schmitt war nicht wirklich kompetent. Er hat zwar vielleicht erreicht, was er wollte, allerdings in einer Art und Weise, die völlig unangemessen war. Wir kommen später darauf noch einmal zurück.
Vorerst wenden wir uns nur Frau Mueller zu. Wir sehen sie im vollbesetzten Zug auf dem Gang stehen. Es gehört nicht besonders viel Phantasie dazu, sich vorzustellen, daß sie nicht allein sehnsüchtig das Ende der Reise erwartet, sondern sich auch maßlos ärgert. Doch worüber? Die Frage danach, worauf jemand seinen Mißerfolg oder Erfolg zurückführt, ist ganz wesentlich für sein künftiges Verhalten.

Sind immer nur die anderen schuld?

Die Frage danach, worauf jemand seinen Mißerfolg oder Erfolg zurückführt, ist wesentlich für sein künftiges Verhalten.

Frau Mueller kann ihren Mißerfolg und ihren Ärger natürlich darauf zurückführen, daß der junge Mann so unverschämt gewesen sei oder daß er die besseren Argumente hatte. Demnach trüge der junge Mann die Schuld daran, daß Frau Mueller ihren reservierten Platz nicht bekommen hat. Das, was Frau Mueller hier macht – die Schuld beim anderen suchen – ist eine Strategie, die bei vielen Menschen zu beobachten ist. Der autoritäre Chef, die Leute, die einem in der Diskussion ständig ins Wort fallen, der Beamte, der meine Beschwerde nicht entgegennehmen will, der Mann oder die Frau, der bzw. die nur an sich denkt, und das kleine Kind, das mir keine Sekunde Zeit läßt, weil es immer beschäftigt sein will – sie alle scheinen dafür verantwortlich, daß ich nicht zum Zuge komme, daß meine Forderungen nicht gehört werden, daß ich zwar Rechte habe, aber sie nicht durchsetzen kann.

Die Lage, in der sich Menschen mit solchen Überzeugungen befinden, ist einer Ohnmacht nicht unähnlich. Solche Ohnmachtsgefühle sind zumeist die Folge einer *externalen Kon-*

Die Schuld beim anderen suchen – das ist eine Strategie bei vielen Menschen. Die Lage, in der sich diese Menschen befinden, ist einer Ohnmacht nicht unähnlich.

trollüberzeugung bei Mißerfolg. Wir haben oben auf S. 54/55 beschrieben, was darunter zu verstehen ist. Das heißt: Ich kann scheinbar überhaupt nichts machen, wenn die anderen nicht rücksichtsvoll sind, und ich kann nichts ändern, weil sie eben rücksichtslos sind. Daß ich mich dabei so mies fühle, ist darum ganz allein ihre Schuld.

Die Ursachen für Erfolg und Mißerfolg liegen meistens bei uns selbst

Nehmen wir einen anderen Fall an, nämlich daß jemand nicht *externale* sondern *internale* Kontrollüberzeugungen hat. Prinzipiell hat er, wie wir oben beschrieben haben, eine weitaus bessere Ausgangsposition, weil er sich nicht so hilflos ausgeliefert fühlen dürfte – zumindest dann, wenn er es auf seine mangelnde Anstrengung/ungenügende Vorbereitung zurückführt, den Mißerfolg also *internal variabel* erklärt. Dieser Ausdruck ist streng wörtlich am besten zu verstehen: Der Mißerfolg ist von innen heraus veränderbar, man hat in der Hand, ob er sich wiederholt. Geht etwas schief, dann wird ein solcher Mensch fragen, was *er* falsch gemacht hat und was er möglicherweise beim nächsten Mal anders machen könnte.

Haben wir unsere Erfolge immer nur mit *Glück* oder den gerade besonders günstigen Umständen erklärt, die Mißerfolge dagegen mit unserer mangelnden *Begabung*?

Nun ist aber ein solches Herangehen zwar die beste Voraussetzung dafür, sein eigenes Verhalten zu ändern. Aber was mindestens ebenso wichtig ist, ist ein gesundes Maß an Selbstbewußtsein. Allerdings hängt dieses Selbstbewußtsein zu einem großen Teil wiederum davon ab, wie wir uns in der Vergangenheit unsere Erfolge und Mißerfolge erklärt haben. Haben wir unsere Erfolge immer nur mit *Glück* oder den gerade besonders günstigen Umständen erklärt, die Mißerfolge dagegen mit unserer mangelnden *Begabung* (*»Ich bin einfach zu blöd«*), haben wir uns selbst kaum eine Chance gegeben, ein gesundes Selbstbewußtsein zu entwickeln.

Der Glaube an die eigene (unveränderbare) *Unfähigkeit* hat Folgen. Sie lähmt im Umgang mit anderen Menschen.

Viele machen sich das Leben zusätzlich noch dadurch schwer, daß sie die Meßlatte, *wann* etwas als Erfolg zu werten ist, so hoch legen, daß sie sie gar nicht erreichen können. Wenn ich an mich selbst z. B. den Anspruch habe, in allem, was ich tue, perfekt zu sein – ja, dann kann ich eigentlich nur in einem fort versagen. Mein Leben wird aus einer langen Kette von Mißerfolgen bestehen, und mein Selbstbewußtsein, wenn es denn einmal vorhanden war, wird verkümmern.

Wenn Frau Mueller zum Beispiel für sich selbst überprüft, was der Grund dafür ist, daß sie nun im Gang steht, während der junge Mann ihren Platz besetzt hält, wird sie wahrscheinlich darauf kommen, daß sie zu unsicher aufgetreten ist. Diese Unsicherheit wird sie mit ihrem mangelnden Selbstbewußtsein erklären. Diese Erklärung, diese Zurückführung auf ihre (unveränderbare) *Unfähigkeit* hat Folgen. Sie lähmt sie im Umgang mit anderen Menschen, weil sie wie eine Brille mit konvexen Linsen wirkt: Schaut man durch diese Gläser in die Welt, verzerren sich die Dimensionen. Eine Mücke scheint plötzlich groß wie ein Elefant. Das macht Angst. Das eigene Verhalten drückt diese Angst aus: Frau Mueller ist zögerlich, abwartend, undeutlich in dem, was sie will, und unentschlossen.

Welchen Eindruck macht das auf den anderen, auf den, der ihrer berechtigten Forderung nicht ohne weiteres nachkommen möchte? Natürlich bekommt er mit, was mit Frau Mueller los ist. Das bestärkt ihn lediglich darin, es einfach auf ein Kräftemessen ankommen zu lassen. Die Chancen für ihn, dabei zu gewinnen, werden von ihm als groß eingeschätzt. Und was hat er schon zu verlieren? Er eigentlich nichts, Frau Mueller hingegen viel. Dabei geht es nicht nur um den Sitzplatz, der ihr zusteht, es geht um viel mehr. Wenn sie hier aufgibt, wenn sie sich mit ihrer Forderung kein Gehör verschaffen kann, dann wächst das Konto ihrer Mißerfolge.

Durchbrechen Sie den Teufelskreis!

Jeder fehlgeschlagene Versuch wird immer dann, wenn man ihn mit der eigenen Unfähigkeit erklärt, zu einer größeren Unsicherheit führen, und die Angst, auch beim nächsten Mal wieder zu »versagen«, wird wachsen. Es ist der typische Teufelskreis, der sich anfangs unbemerkt schließen kann, von Mal zu Mal aber deutlicher wird und beträchtliche Folgen haben kann.

Ein solcher Teufelskreis ist nichts, mit dem man sich abfinden müßte!

Ein solcher Teufelskreis ist nichts, mit dem man sich abfinden müßte. Es ist nicht leicht, ihn zu durchbrechen. Aber es ist möglich. Beginnen sollten Sie bei Ihren Kognitionen. Überlegen Sie einmal, was Sie heute alles positiv bewältigt haben. Welche Dinge sind gut gelaufen? Selbst bei einem Mißerfolg lassen sich Aspekte finden, die positiv waren, und bei den Aspekten, die aus Ihrer Sicht schlecht waren, sollten Sie sich überlegen, was Sie beim nächsten Mal besser machen könnten.

Ihr Selbstbewußtsein wird um so schneller wachsen, je mehr Sie bereit sind, Ihre Fortschritte (auch die relativen Fortschritte) bewußt zu registrieren.

Selbstbewußt und selbstsicher

Wenn Sie sich im Umgang mit anderen Menschen unsicher fühlen, dann haben Sie sicher schon nach den Gründen dafür gefragt. Wahrscheinlich sind Sie darauf gestoßen, daß diese Unsicherheiten schon eine lange Geschichte haben. Vielleicht gehören Sie zu den Menschen, die schon als Kind etwas zurückhaltender und etwas ängstlicher waren als andere. Vielleicht haben Sie sich auch damals bereits dabei beobachtet, daß Sie sich neben selbstsicheren Kindern oder Erwachsenen voller Bewunderung wünschten, auch so zu sein wie die, die sich nicht »die Butter vom Brot nehmen lassen«, die sich ganz einfach trauen, auch mal »Nein« zu sagen, die sich nicht von anderen einschüchtern lassen.

Warum Sie sich das nicht immer trauen, können nur Sie selbst sich beantworten. Vielleicht sind Sie ja ängstlicher »veranlagt« als andere, vielleicht sind es auch Erfahrungen aus der Kindheit, die Sie als Ängste und Hemmungen wie einen Rucksack mit sich herumtragen, vielleicht sind es die Folgen von vielen Fehlschlägen, die Sie im Laufe der Zeit einstecken mußten. All das sind Dinge, die sich im nachhinein nicht mehr ändern lassen. Sie sind geschehen, und alles Nachdenken darüber macht sie nicht anders, als sie nun einmal waren.

Das Gefühl der Unsicherheit, das aus Ihrer Vergangenheit zurückgeblieben ist, läßt sich nicht von einem auf den anderen Tag abstreifen. Aber Sie können versuchen, sich selbst Erfolge zu organisieren.

Das Gefühl der Unsicherheit, das dabei zurückgeblieben ist, läßt sich auch nicht von einem auf den anderen Tag abstreifen. Aber Sie können versuchen, sich selbst Erfolge zu organisieren. Sie selbst haben es in der Hand, aus Ihrem Teufelskreis auszubrechen. Wenn Ihnen das gelingt, werden Sie immer mehr Mut haben, »Ja« zu sagen zu dem, was Sie möchten, – und »Nein«, wenn Sie etwas nicht möchten. Doch seien Sie nicht ungeduldig. Die alten Muster sind oft zäh und langlebig. Die neuen Muster, die Sie sich aneignen werden, müssen sich gegen die alten durchsetzen. Das braucht viel Übung und etwas Zeit.
In diesem Kapitel finden Sie eine Reihe von Aufgaben und Übungen, mit deren Hilfe es Ihnen gelingen wird, Ihre sozialen Fertigkeiten langfristig zu verbessern. Sie werden sehen, daß Sie schon nach einigen Übungen sicherer werden und damit auch zufriedener mit sich selbst.

Wie selbstsicher sind Sie?

Wenn Sie sich entschlossen haben, diesen Weg auszuprobieren, dann ist es gut, wenn Sie sich am Anfang selbst danach einschätzen, wie selbstunsicher und wie ängstlich Sie gegenwärtig sind. Am Ende des Buches werden Sie diese Ein-

Der Vergleich Ihrer jetzigen Testergebnisse mit den später erzielten wird Sie überraschen.

schätzung auf S. 158 wiederholen können. Sie können sich dann nicht allein an den vielen positiven Erfahrungen freuen, die Sie bis dahin gesammelt haben, sondern der Vergleich mit Ihrer jetzt ausgeführten Einschätzung wird Ihnen auch deutlich zeigen, wieviel sicherer und mutiger Sie geworden sind.

Lesen Sie sich die Aussagen auf dieser Seite durch und entscheiden Sie sich, wie stark Sie diesen Aussagen zustimmen. Dahinter sehen Sie eine Antwortskala, die von 0 bis 100 reicht. Eine Null bedeutet, daß Sie dieser Aussage überhaupt nicht zustimmen, eine Hundert, daß Sie voll und ganz zustimmen können. Machen Sie jeweils ein Kreuz bei der für Sie zutreffenden Zahl:

		Trifft nicht zu									Stimmt völlig
1	Ich habe häufig Angst, etwas falsch zu machen.	0	10	20	30	40	50	60	80	90	100
2	Ich habe Schwierigkeiten, »Nein« zu sagen.	0	10	20	30	40	50	60	80	90	100
3	Meistens gelingt es mir nicht, meine Forderungen durchzusetzen.	0	10	20	30	40	50	60	80	90	100
4	Ein Fest, auf dem ich niemanden kenne, ist für mich eine sehr schwierige Situation.	0	10	20	30	40	50	60	80	90	100
5	Wenn ich mich Forderungen oder Bitten von anderen verweigere, habe ich ein schlechtes Gewissen.	0	10	20	30	40	50	60	80	90	100
	Summe der Punkte										

Jetzt zählen Sie bitte Ihre Punkte zusammen. Am Ende des Trainingsprogramms können Sie diesen Test noch einmal durchführen und die Punkte vergleichen. Sie können sich jetzt auch überlegen, welche Punktzahl Sie gern erreichen würden (aber überfordern Sie sich nicht, eine Punktzahl unter 100 wird niemand erreichen, der den Test ehrlich beantwortet), und dann am Schluß kontrollieren, wie weit Sie Ihr Ziel schon erreicht haben oder ob Sie noch weiter üben müssen.

Selbstbewußt oder unverschämt?

Wir sprechen die ganze Zeit von Selbstbewußtsein. Aber was ist das eigentlich? Bevor wir diese Frage beantworten, wollen wir zuerst eine wichtige Unterscheidung machen:

> Sich selbstsicher zu verhalten bedeutet nicht, unangemessen rücksichtslos zu sein.

Vielfach wird dieser feine Unterschied aber nicht beachtet. Wenn es in einer Situation darum geht, eine legitime Forderung zu formulieren und darauf zu beharren, wenn also ein Recht durchgesetzt werden soll, dann ist ein Verhalten genau dann effektiv, wenn damit das angestrebte Ziel erreicht wird. Im normalen Umgang mit Menschen besteht die beste Aussicht auf Erfolg, wenn eine solche Situation sachlich und korrekt gemeistert wird.
Es geht lediglich um eine *sachliche Forderung*. Und eine sachliche Forderung ist am besten sachlich zu stellen.

Sich angemessen verhalten – was heißt das?

Der Situation unangemessen und dem Anliegen nicht unbedingt förderlich ist es dagegen, aggressiv zu werden. Möglicherweise fühlt sich dadurch der andere so unter Druck gesetzt, daß er tut, was ich fordere; möglicherweise wird meine Aggressivität aber auch seinen Widerstand erst auf-

bauen, was meine Chancen auf Durchsetzung meiner Forderung vermindert. Auf jeden Fall werde ich mit einem solchen Verhalten auf längere Sicht meinen sozialen Beziehungen eher schaden als nützen.
Das soll keineswegs heißen, daß aggressives Verhalten grundsätzlich abzulehnen ist. Denn prinzipiell hat jeder Mensch die Wahl, sich so zu verhalten, wie er denkt, daß es richtig und nützlich ist – vorausgesetzt, er achtet das Recht des anderen auf körperliche und psychische Unversehrtheit. Nur sollte man sich dabei immer bewußt sein, welche Folgen diese Handlungen haben. Hat sich zum Beispiel ein Freund ein Buch ausgeliehen und es trotz mehrfachen Drängens immer noch nicht zurückgegeben, dann kann ich meine Forderung entschieden und deutlich wiederholen, vielleicht auch ankündigen, daß ich nicht wieder bereit sein werde, etwas an ihn zu verleihen. Ich kann ihn aber auch anbrüllen, ihn beschimpfen und ihm drohen. Möglicherweise bekomme ich auf diese Art das Buch auf der Stelle zurück, aber der Freundschaft habe ich damit keinen guten Dienst erwiesen.

Worin unterscheiden sich selbstsicheres, unsicheres und aggressives Verhalten?

Der Erfolg unserer Bemühungen, auf lange Sicht zufriedenstellende Beziehungen herzustellen und zu wahren, hängt entscheidend davon ab, wie weit wir in der Lage sind, unsere Rechte und Forderungen selbstbewußt, aber nicht aggressiv zu formulieren und durchzusetzen. Aggressives und selbstsicheres Verhalten sind darum klar zu unterscheiden, damit wir uns immer dessen bewußt bleiben, welche Konsequenzen unser Handeln hat.

Der Unterschied zwischen Selbstbewußtsein und Unsicherheit ist leicht zu sehen.

Wie zeigen sich die Unterschiede?
Es ist wahrscheinlich nicht so schwierig, eine Person danach einzuschätzen, ob sie selbstsicher auftritt oder ob sie unsicher wirkt. Der Unterschied zwischen einem selbstsicheren

Verhalten und einem selbstunsicheren wird in vielen Merkmalen deutlich. Wenn jemand etwas von mir fordert und mir dabei in die Augen sieht, wenn er ruhig, aber präzise und bestimmt sein Anliegen vorträgt und dazu noch aufrecht steht oder sitzt, werde ich ihn als *selbstbewußt* wahrnehmen. Scheut er sich jedoch vor einem Blickkontakt, hat er Kopf und Schultern eingezogen und spricht so leise und verworren, daß ich nur schwer erkennen kann, was er eigentlich möchte, habe ich von ihm einen *selbstunsicheren* Eindruck. Mitunter reicht für eine solche Einschätzung schon die Art und Weise, wie jemand an meine Tür klopft, wie er mein Zimmer betritt oder auf dem Stuhl sitzt.

Äußere Verhaltensmerkmale

Eine Möglichkeit einzuschätzen, ob eine Handlung aggressiv oder selbstsicher oder aber unsicher ist, besteht darin, bestimmte äußere Merkmale zu beobachten. Solche Merkmale sind die Stimme, die Körpersprache, also Gestik und Mimik, die Formulierung und der Inhalt dessen, was gesagt wird.

Selbstsicherheit – woran erkennt man sie?

Eine Person, die sich selbstsicher verhält, spricht laut, klar und deutlich. Sie formuliert ihre Forderungen und Wünsche eindeutig und wahrheitsgetreu, begründet sie präzise, drückt ihre eigenen Bedürfnisse und Gefühle aus und verwendet dafür das Wort »ich«. Ihre Körperhaltung ist dabei entspannt. Mimik und Gestik sind lebhaft und unterstützen das, was sie sagt.

Kriterien der Unsicherheit

Eine Person, die sich unsicher verhält, spricht dagegen leise und zaghaft. Ihre Formulierungen sind unklar und vage. Sie macht umständliche und überflüssige Erklärungen. Statt ihre eigenen Gefühle und Wünsche direkt auszusprechen, deutet sie sie nur indirekt an und benutzt dabei oft das Wort »man«. Ihre eigenen Bedürfnisse verleugnet oder verschweigt sie eher, als daß sie sie formuliert. Die Unsicherheit ihres Verhalten zeigt sich auch in ihrer Körperhaltung. Sie wirkt verkrampft, scheut den Blickkontakt, und Gestik und Mimik sind stark eingeschränkt.

Textblock 2: Warum sind Menschen aggressiv?

Erst im Laufe dieses Jahrhunderts hat sich der Begriff *Aggression* fast inflationär verbreitet. Noch das immerhin fast 17.000 Seiten umfassende Brockhaus Konversations-Lexikon aus dem Jahr 1893 enthält zu diesem Stichwort lediglich die Bemerkung: *lat. Angriff.*

Zur Popularisierung des Aggressionsbegriffs hat wahrscheinlich besonders die Psychoanalyse beigetragen. Nach Freud wird der Mensch im wesentlichen von zwei Trieben gelenkt: dem Lusttrieb (*Libido*) und dem Todestrieb (*Destrudo*). Aggressives Verhalten gehört demnach zur Natur des Menschen. Es unterdrücken zu wollen würde lediglich zu Störungen und Erkrankungen führen.

Inzwischen gibt es eine Fülle von Theorien und Untersuchungen zu den Ursachen und Bedingungen aggressiven Verhaltens.
Zu ihnen zählt zum Beispiel die sogenannte *Dampfkessel-Theorie*. Sie wurde erstmals von dem Verhaltensforscher Konrad Lorenz formuliert.
Seiner Meinung nach gibt es ständig fließende Energien, die sich im Organismus ansammeln. Ist ein bestimmtes Maß erreicht, bricht diese Energie in Form von Aggressionen aus. Demnach ist also kein besonderer äußerer Anlaß notwendig, um zu »explodieren«. Ist genügend Energie angestaut, dann reicht die Fliege an der Wand, um uns wütend zu machen.
Auch wenn diese Theorie eigentlich kaum bestätigt werden konnte, entspricht sie wahrscheinlich sehr gut unseren eigenen Erfahrungen. Sicherlich hat jeder schon erlebt, daß sich Ärger und Frust ansammeln und zum Schluß nur eine kleine Bemerkung reicht, daß man »ausflippt«.

Andere Erklärungen für aggressives Verhalten beziehen sich gerade auf die äußeren Auslöser, die bei der *Dampfkessel-Theorie* eigentlich nebensächlich sind. Nach der *Frustrations-Aggressions-Theorie* folgt die Aggression auf frustrierende Erlebnisse. Solche Frustrationen treten immer dann auf, wenn eine Person ein angestrebtes Ziel nicht erreichen kann, weil sie daran gehindert wird. Allerdings weiß wahrscheinlich jeder, daß Aggressionen auch in anderen Situation auftreten können und umgekehrt nicht jede Frustration mit aggressivem Verhalten beantwortet wird.

Nach neueren Forschungen wird aggressives Verhalten darauf zurückgeführt, daß es vom Menschen im Lauf seiner Entwicklung *gelernt* wird. Kinder erleben, daß sie mit aggressiven Verhaltensweisen erfolgreich sind oder sehen bei anderen Kindern – aber auch bei ihren Eltern –, daß diese in bestimmten Situationen aggressiv sind und damit auch bestimmte Effekte erzielen. Sie ahmen dieses Verhalten nach, wenn sie meinen, damit die gleichen Effekte erreichen zu können.

Im Zusammenhang mit dieser Theorie wird auch den Medien ein besonders fördernder Einfluß für das aggressive Verhalten der Kinder beigemessen. Untersuchungen zeigen jedoch, daß die Meinung »Viel Gewalt im Fernsehen macht unsere Kinder gewalttätig« so eindeutig nicht stimmt. Zwar neigen Kinder dazu, bestimmte Filmfiguren und deren Handlungen nachzuahmen, aber letztendlich sind es die »wirklichen Menschen« in ihrer Umgebung, von denen sie am meisten lernen.

Wie sieht man, ob jemand selbstbewußt oder aggressiv ist?

Reagiert eine Person in einer bestimmten Situation hingegen aggressiv, dann brüllt oder schreit sie, oder aber ihre Stimme wird bedrohlich leise. In dem, was sie sagt, ist sie drohend und beleidigend. Sie gibt keinerlei Erklärung oder Begründung für ihre Forderungen und Wünsche, sondern zeigt sich kompromißlos und ignoriert die Rechte der anderen Person. Ihre drohenden, unkontrollierten, wild gestikulierenden Bewegungen unterstreichen dies. Die Person nimmt entweder keinen Blickkontakt auf, oder sie starrt ihr Gegenüber an.

Längerfristige Konsequenzen dieser drei Verhaltensweisen

Diese unterschiedlichen Verhaltensweisen haben natürlich auf denjenigen, mit dem die Person gerade zu tun hat, ganz verschiedene Auswirkungen. Es ist darum möglich, selbstsicheres, unsicheres und aggressives Verhalten auch danach zu unterscheiden, welche Konsequenzen es längerfristig hat. Mit Fragen wie »*Wie wird der andere sich jetzt fühlen?*«, »*Wie wird er sich in Zukunft wohl verhalten?*« können Handlungen und Äußerungen also gut eingeschätzt werden.

Wie fühlt man sich vor einem unsicheren Partner …

Verhält sich zum Beispiel die andere Person unsicher, wird man sich überlegen fühlen und keine Veranlassung sehen, den zögerlich und vage formulierten Forderungen nachzukommen.

… oder vor einem aggressiven …

Verhält sich die andere Person hingegen unverschämt und aggressiv, wird man gekränkt sein und sich beleidigt fühlen. Die Wahrscheinlichkeit ist hoch, daß man sich genauso aggressiv zur Wehr setzt, daß man aus »Trotz« gerade das nicht erfüllt, was von einem gefordert wird. Möglicherweise beugt man sich auch dem Druck, doch wird man gegen diese aggressive Person eine innere Aversion aufbauen.

… bzw. einem, der selbstsicher auftritt?

Handelt eine Person jedoch selbstbewußt, dann können ihre Forderungen und Wünsche angenommen werden. Eine solche Person zeigt, daß sie in der Lage ist, mit einem Gegenüber auf gleichberechtigter Basis zu interagieren.

Erste Übung: Unterscheiden Sie selbstsicheres, unsicheres und aggressives Verhalten

Versuchen Sie nun, sich in der Unterscheidung von selbstsicherem, selbstunsicherem und aggressivem Verhalten zu üben. Sie finden dafür im folgenden Kästchen verschiedene Situationsschilderungen. Die Personen, die hier auftreten, handeln entweder selbstsicher, aggressiv oder unsicher. Ihre Aufgabe ist es zu entscheiden, um welche Verhaltensweisen es sich Ihrer Meinung nach handelt. Schreiben Sie in die rechte Spalte, ob Sie das Verhalten der handelnden Person als selbstsicher (S), aggressiv (A) oder unsicher (U) einschätzen: *

1)	An der Tankstelle, an der Sie häufig tanken und an der es noch keine Selbstbedienung gibt, hat einer der Tankwarte vergessen, die Verschlußkappe wieder auf Ihren Tank zu schrauben. Sie bemerken das, fahren zurück und sagen: »*Einer von euch Jungs hat doch glatt vergessen, die Verschlußkappe wieder auf meinen Tank zu schrauben. Ich möchte das sofort geändert haben. Falls Sie sie nicht wiederfinden, hat einer von Ihnen sie mir zu ersetzen.*«	S	A	U
2)	Sie tun sich ziemlich schwer damit, einen Bericht zu schreiben, und wissen nicht genau, welche weiteren Informationen Sie dafür noch brauchen und wo sie sie einholen könnten. Sie sagen zu sich selbst: »*Ich bin doch einfach blöd; ich weiß überhaupt nicht, wo ich anfangen soll, wie ich weitermachen soll mit diesem Bericht.*«	S	A	U
3)	Ihr Zehnjähriger hat Sie dreimal mit irgend etwas Nebensächlichem unterbrochen, während Sie telefonieren. Sie haben jedesmal freundlich gebeten, nicht zu unterbrechen. Jetzt kommt er wieder an. Sie sagen: »*Ich bin jetzt richtig wütend auf dich. Ich kann dir nicht zuhören und gleichzeitig telefonieren. Wenn ich mit dem Telefonieren fertig bin, können wir uns unterhalten.*«	S	A	U

* s. Vorwort, S. 10.

Beispiel 1: keine leichte Entscheidung

Die Unterscheidung ist bei manchen dieser Situationen nicht so ganz einfach. Viele empfinden z.B. das Verhalten der Person gegenüber dem Tankwart (Situation 1) als selbstsicher. Immerhin wird die Forderung nach dem Tankdeckel deutlich und klar zum Ausdruck gebracht. Dennoch sind wir der Meinung, daß ein solches Verhalten eher als aggressiv einzustufen ist: Die Drohung ist überflüssig, genauso wie die versteckte Unterstellung, der Tankwart habe die Verschlußkappe verbummelt. Es genügt, jemanden auf seinen tatsächlichen Fehler aufmerksam zu machen und zu bitten, diesen Fehler zu beheben. Mehr ist im Normalfall nicht nötig.

Beispiel 2: scheint einfacher

Im zweiten Beispiel verhält sich die Person unseres Erachtens nach unsicher. Statt jemanden zu fragen, der ihr vielleicht weiterhelfen könnte, verlegt sie sich darauf, ihre eigenen Fähigkeiten in Zweifel zu ziehen. Sich selbst als *»einfach zu blöd«* zu bezeichnen, ist ein Klassiker einer negativen Selbstverbalisation. Wir kommen später auf dieses Problem ausgiebig zurück. Viele stufen nach unserer Erfahrung dieses Verhalten aber auch als aggressiv ein und meinen damit – durchaus zutreffend – daß sich diese Person sich selbst gegenüber aggressiv verhält, indem sie sich selbst verletzt.

Schon hier wird deutlich, daß unsicheres und aggressives Verhalten oft dicht beieinanderliegen. Man könnte auch sagen: Aggressives Verhalten ist eine Folge von Unsicherheit.

Beispiel 3: Wie haben Sie geurteilt?

Wenn Sie jedoch wie die Mutter im Beispiel 3 auf die Störungen durch Ihr Kind reagieren, dann können Sie sich als durchaus sicher in ihrem Auftreten betrachten. Sie begründen kurz und eindeutig Ihr Anliegen, bringen Ihren Gefühlszustand zum Ausdruck und verzichten auf Beschimpfungen. Dadurch wird sich Ihr Kind weder abgeschoben noch beleidigt fühlen.

Drei weitere Situationen:

4) Gemeinsame Ferienpläne werden ganz abrupt von Ihrem Freund geändert. Er teilt Ihnen das am Telefon mit. Sie antworten: »*Hoppla, das ist wirklich eine Überraschung für mich. Ich möchte dich gern später wieder anrufen, nachdem ich mir das alles durch den Kopf habe gehen lassen.*« S A U

5) Ihr Mann möchte im Fernsehen ein Fußballspiel sehen. Zur gleichen Zeit läuft in einem anderen Programm ein Film, den Sie gern sehen möchten. Sie sagen: »*Ja, hm, Schatz, dann schalt ruhig ein und schau dir das Fußballspiel an. Vielleicht kann ich inzwischen ein bißchen bügeln.*« S A U

6) Sie arbeiten in einem Büro gemeinsam mit einem Kollegen, der sich ständig davor drückt, einen Teil seiner Aufgaben zu erledigen. Er fragt Sie heute wieder, ob Sie nicht diesen Anteil übernehmen könnten. Sie sagen: »*Ja, na, hm, ich denke, ja, es geht in Ordnung, obwohl ich fürchterliche Kopfschmerzen habe.*« S A U

Beispiel 4: nicht eindeutig

Die Situation 4 ist nicht ganz eindeutig. Betrachtet man die Aussage »Das ist wirklich eine Überraschung« als ehrliche Beschreibung des eigenen Gefühlszustands, müßte man das Verhalten als selbstsicher einstufen. Wäre diese Aussage jedoch nicht ehrlich, weil sich der Angerufene in Wirklichkeit furchtbar ärgert, müßte man das Verhalten als unsicher einstufen.

Selbstbewußt sein heißt nicht etwa, sich über nichts und niemanden zu ärgern.

Vielleicht sind Sie ja bei diesem Beispiel der Ansicht, das Verhalten sei doch im Prinzip ganz vernünftig gewesen. Schließlich ist es besser, sich bei einer solchen Nachricht erst einmal zu sammeln, bevor man am Telefon vor lauter Ärger ausrastet. Bei besonders impulsiven Menschen mag das wirklich ein vernünftiger Anfang sein, wenn sie in ihrem Verhalten etwas ändern möchten. Aber letztlich ist eine solche Reaktion doch unsicher. Denn Sie sagen in der bewußten Situation nicht selbstbewußt, daß Sie das Verhalten Ihrer Freunde ärgert. Selbstbewußt sein heißt nicht etwa, sich über nichts und niemanden zu ärgern und niemals wütend zu sein. Selbstbewußt zu sein heißt vielmehr, diese Gefühle mitzuteilen, dem anderen zu sagen, daß man mit etwas nicht einverstanden ist. Warum also sagen Sie Ihrem Bekannten nicht gleich, daß Sie es nicht in Ordnung finden, wenn er eigenmächtig gemeinsame Pläne ändert? Sie müssen dafür nicht auf einen besseren Zeitpunkt warten. Sie müssen allerdings auch nicht aggressiv werden, ihn vielleicht beschimpfen oder ihm etwas unterstellen.

Beispiel 5: ohne Schwierigkeiten zu beantworten

Die Frau in der Situation 5 verhält sich ziemlich eindeutig unsicher. Sie bringt ihr Bedürfnis nicht zum Ausdruck und das »hm« ist eher ein Indikator für Unsicherheit.

Beispiel 6: noch ein leichter Fall

Ähnlich verhält es sich mit der Situation 6. Auch hier werden die eigenen Bedürfnisse noch nicht einmal zum Ausdruck gebracht. Ist es da noch verwunderlich, wenn Leute, die sich so verhalten, ständig ausgenutzt werden?

Und noch zwei Situationen:

7)	Sie haben sich vorgenommen, sich am Nachmittag zwischen vier und fünf eine Stunde für sich selbst zu nehmen und Dinge zu tun, die Sie gern tun möchten. Jemand ruft an und bittet Sie, Sie um diese Zeit besuchen zu dürfen. Sie sagen: »*Ah, hm, okay, Sie können dann, eh, kommen. Um vier Uhr, ja? Sind Sie sicher, daß der Zeitpunkt auch für Sie günstig ist?*«	S	A	U
8)	Eine Freundin leiht sich des öfteren kleine Geldbeträge von Ihnen und gibt sie nicht zurück, wenn man sie nicht danach fragt. Heute bittet sie wieder um einen kleinen Geldbetrag, den Sie ihr aber nicht gern geben möchten, weil Sie nicht ständig wieder Ihrem Geld hinterherlaufen wollen. Sie sagen: »*Ich habe heute nur soviel bei mir, daß ich mein eigenes Mittagessen bezahlen kann.*«	S	A	U

Beispiele 7 und 8: Hätten Sie's gewußt?

Auch in diesen beiden Beispielen ist das Verhalten wohl recht eindeutig als unsicher einzustufen. Die Personen verhalten sich unehrlich und sagen nicht das, was sie eigentlich denken und empfinden. Auch in ihrer Redeweise (»hm« ist immer verdächtig!) kommt dies zum Ausdruck.

Die folgenden Beispiele verdeutlichen einen weiteren Aspekt des Problems. Es gibt nämlich auch in Situationen, in denen das Verhalten der anderen als unverschämt empfunden wird, die Möglichkeit, sich selbstbewußt, aber nicht aggressiv zu verhalten. Bitte urteilen Sie selbst:

9) Sie sind als einzige Frau gemeinsam mit sieben Männern auf einer Ausschußsitzung. Zu Beginn der Sitzung bittet Sie der Vorsitzende, heute das Protokoll zu führen. Sie antworten: »*Nein, also wissen Sie, das stinkt mir einfach, hier den Protokollollführer zu machen, nur weil ich die einzige Frau bin.*« S A U

10) Sie sind als einzige Frau gemeinsam mit sieben Männern auf einer Ausschußsitzung. Zu Beginn der Sitzung bittet Sie der Vorsitzende, heute das Protokoll zu führen. Sie antworten: »*Ich bin damit einverstanden, anteilig das Protokoll zu übernehmen, und will es für heute tun. Bei den nächsten Sitzungen sollten wir diese Aufgabe abwechselnd übernehmen.*« S A U

Beispiele 9 und 10: Aggressiv oder selbstbewußt?

Das Ansinnen, das Protokoll zu übernehmen, kann, aber muß nicht damit zusammenhängen, daß die Angesprochene die einzige Frau ist. Im ersten Fall wird dies als Tatsache unterstellt. Dementsprechend ist die Reaktion relativ aggressiv. Im zweiten Fall wird darauf verzichtet, dies zu unterstellen. Es wird auch darauf verzichtet, die Motive der anwesenden Männer genauer zu analysieren. Statt dessen wird klargestellt, daß die Angesprochene damit einverstanden ist, wenn zukünftig die Männer ebenfalls das Protokoll reihum übernehmen werden.

Ein weiteres Beispiel:

11) Sie werden zu einem Vorstellungsgespräch gebeten. Im Verlauf der Unterhaltung schaut der Personalchef Sie abschätzend an und sagt zweideutig: »*Also, Sie sehen wirklich aus, als hätten Sie alle Qualifikationen für diese Stelle.*« Sie antworten: »*Ich bin sicher, daß ich die beruflichen Fähigkeiten habe, die für diese Stelle erforderlich sind.*« S A U

Beispiel 11: Wenn Sie sich Aggression nicht leisten können

Selbst bei solch offensichtlichen Anzüglichkeiten müssen Sie keineswegs aggressiv antworten. Günstiger ist es auch dann, sich auf sein Selbstbewußtsein zu besinnen und dadurch zu zeigen, daß man sich nicht alles gefallen lassen muß. In dieser spezifischen Situation darf natürlich auch nicht vergessen werden, daß sich die Frau insofern in einer schwierigen Lage befindet, als sie auf das Urteil des Personalchefs angewiesen ist, wenn sie die Stelle haben will. Eine aggressive Antwort wäre hier wahrscheinlich sehr kontraproduktiv.

Test für Profis: drei Zweifelsfälle

Sehen Sie sich zum Schluß dieser Übung die letzten drei Beispiele auf S. 74/75 an, die nach unserer Erfahrung mit Trainingsteilnehmern die meisten Diskussionen hervorrufen, weil sie am wenigsten eindeutig scheinen.

12) Eine Ehefrau sagt zu ihrem Mann, daß sie gern wieder in ihrem Beruf arbeiten würde. Er ist aber gar nicht dafür und sagt: »*Warum willst du denn zusätzlich zu den Kindern, zum Haushalt auch noch arbeiten gehen? Du weißt doch, daß du gar nicht fähig bist, diese Extrabelastung noch zu verkraften.*« S A U

13) Ein Bekannter bittet Sie um eine Verabredung. Sie sind schon einmal mit ihm ausgegangen und haben keinerlei Interesse, sich wieder mit ihm zu verabreden. Sie sagen: »*Oh, also diese Woche bin ich unheimlich beschäftigt. Ich glaube wirklich, daß ich Samstag keine Zeit habe, mich mit Dir zu treffen.*« S A U

14) Sie sind gerade auf dem Weg zum Fotokopierer, als ein Kollege, der Ihnen immer wieder Kopierarbeit für sich aufbürdet, Ihnen begegnet und Sie fragt, wohin Sie gehen. Sie antworten: »*Ich gehe zum Pokalturnier. Oder wonach sehe ich sonst aus?*« S A U

Wie haben Sie diese Situationen eingestuft?

Beispiel 12: Unsicherheit erzeugt Aggression

Bei Situation 12 wird häufig die Meinung vertreten, der Ehemann sei unsicher. Mag sein, daß er tatsächlich dadurch verunsichert ist, daß seine Frau jetzt plötzlich in ihrem Leben etwas ändern möchten. Möglicherweise hat er geradezu Angst davor, daß das für ihn unangenehme Folgen haben könnte. Aber selbst wenn unsere Vermutungen stimmen, ist doch seine Äußerung eindeutig aggressiv. Er wertet seine Frau ab und versucht seinerseits, sie zu verunsichern. Damit gestaltet er die Beziehung asymmetrisch, d.h. nicht gleichberechtigt. Er erhebt sich über sie. Und das ist eine aggressive Verhaltensstrategie mit all ihren möglichen längerfristigen Konsequenzen.
Allerdings ist die Annahme plausibel, daß der Ehemann sich aufgrund seiner Unsicherheit so aggressiv verhält. Er fürchtet vielleicht um seine dominierende Stellung, wenn seine Frau durch die Berufstätigkeit mehr Selbstbewußtsein und neue Impulse erhält..

Beispiel 13: Diese Reaktion hilft keinem von beiden

Ebenfalls asymmetrisch wird im Beispiel 13 die Beziehung zu dem Verehrer. Möglicherweise verhält sie sich so ausweichend, weil sie glaubt, Anstand und Höflichkeit ließen es nicht zu, ihm ihr tatsächliches Desinteresse an einem Treffen mitzuteilen. Sie möchte diesen Bekannten nicht »vor den Kopf stoßen«, ihm nicht wehtun. Doch auch mit dem Verhalten, das sie nun zeigt, wird die Beziehung nicht gleichberechtigt gestaltet. Sie ist unsicher, macht sich klein und läßt auch ihren Verehrer im Ungewissen. Was soll er nun glauben? Kann er einen nächsten Versuch unternehmen, sich mit Ihnen zu treffen? Oder nervt er Sie? Eine klare und ehrliche Antwort wäre nicht nur für Sie besser gewesen, um weitere Annäherungsversuche zu unterbinden, sondern auch für ihn, damit er weiß, wie er sich zukünftig verhalten soll und wie nicht. Oft ist eine ehrliche Antwort im Moment vielleicht schmerzhafter, auf längere Sicht gesehen aber für beide Seiten hilfreicher.

Beispiel 14: Ironie = Aggression

Wenn Sie so wie im dritten Beispiel reagieren, dann sind Sie durchaus schlagfertig. Wer wünscht sich nicht selbst, auf die Dreistigkeit eines Kollegen derart reagieren zu können? Aber Sie lassen ihn mit Ihrer Ironie ziemlich dumm dastehen. Ihr Verhalten ist aggressiv, weil es den Kollegen verletzt. Die Aggressivität ironischer und sarkastischer Bemerkungen wird weitestgehend unterschätzt. Wir haben jedoch schon auf S. 52 darauf hingewiesen. Die Genugtuung darüber, es dem anderen endlich mal so richtig gezeigt zu haben, vermittelt das Gefühl des Triumphes. Den Partner können jedoch solche Bemerkung stark verletzen.

Warum nicht aggressiv reagieren? Nur: Sie müssen wissen, was Sie tun!

Wenn Sie Ihrem Partner gegenüber auf Ironie und Sarkasmus oder eine andere Form aggressiven Verhaltens zurückgreifen, so steht Ihnen das natürlich völlig frei. Die Übungen zur Unterscheidung von selbstunsicherem, selbstsicherem und aggressivem Verhalten sind nicht dazu gedacht, Sie von der einen oder anderen Variante abzuhalten. Es ist lediglich wichtig, daß Sie sich bewußt werden, wie Sie sich gerade verhalten und welche Folgen Ihr Verhalten haben kann. Wenn Sie sich also für eine aggressive Reaktion entscheiden, dann bedenken Sie, was das in Ihrem Partner auslösen kann und daß er möglicherweise in der gleichen Art reagieren wird.

> Seien Sie sich im klaren darüber, ob Sie gerade unsicher, selbstsicher oder aggressiv handeln. Nur dann können Sie auch die Konsequenzen Ihres Tuns richtig abschätzen.

Wie kann Selbstsicherheit gelernt werden?

Es gibt für unsicheres und für aggressives Verhalten immer eine bessere Alternative: das selbstbewußte Auftreten.

Die Unterscheidung zwischen selbstsicheren und aggressiven Reaktionen auf der einen Seite und unsicheren auf der anderen ist wichtig, damit Sie einschätzen können, wie Sie sich gerade verhalten. Sie haben zugleich gesehen, daß es für unsicheres und für aggressives Verhalten immer eine bessere Alternative gibt: das selbstbewußte Auftreten.
Wo aber kann jemand, der zumeist unsicher oder aggressiv reagiert, ansetzen, wenn er sein Verhalten ändern möchte? Die günstigste Stelle dafür liegt im gesamten Prozeß des Verhaltens in einer bestimmten Situation noch *vor* dem eigentlichen Verhalten.

> Die eigentlichen Veränderungen setzen vor dem Verhalten ein.

Erinnern Sie sich an das Modell, das wir Ihnen im ersten Teil des Buches auf S. 19 vorgestellt haben? Anhand dieses Modells haben wir gezeigt, daß zwischen einer Situation und einer Reaktion zwei wichtige Prozesse in unserem Inneren ablaufen. Wir haben diese Prozesse mit den Begriffen *Kognition* und *Emotion* bezeichnet. Die Kognition, so haben wir weiter gezeigt, ist sowohl für die *Bewertung der Situation* als auch für unserer *Gefühle in dieser Situation* von entscheidender Bedeutung. Im wesentlichen bestimmt sie, wie wir uns letztlich verhalten. Oder, anders formuliert:

Jedes äußerlich sichtbare Verhalten, ja selbst bestimmte körperliche Erscheinungen wie Körperhaltung und Gesichtsausdruck sind Ausdruck innerer, »unsichtbarer« Zustände und Vorgänge.

Da für das Verhalten, das wir zeigen, die intern ablaufenden Selbstverbalisationen – das, was ich »zu mir selbst sage« – entscheidend ist, ist gerade diese Stelle am besten geeignet, langfristig erfolgreiche Veränderungen einzuführen.

Zweite Übung: Selbstverbalisation

Sich sicher fühlen = sicher auftreten.

Nehmen wir zum Beispiel an, Sie wollen eine mangelhafte Ware reklamieren. Sie gehen in das Geschäft, in dem Sie diese Ware gekauft haben, und tragen Ihr Anliegen vor. Der Verkäufer antwortet Ihnen, daß die Ware weder repariert noch umgetauscht werden könne, denn den Mangel hätten wohl Sie selbst verschuldet. Ihr Verhalten wird jetzt maßgeblich davon abhängen, wie Sie selbst diese Situation bewerten und welches Gefühl Sie dadurch bei sich hervorrufen. Wenn Sie sicher sind, daß es Ihr legitimes Recht ist, das Gerät zu reklamieren, werden Sie vielleicht über die Unverfrorenheit des Verkäufers verärgert sein, sich aber doch in Ihrem Anspruch nicht verunsichern lassen. Solange Sie zu sich selbst sagen: »*Es ist mein gutes Recht, diese Ware getauscht zu bekommen!*«, werden Sie dementsprechend auftreten und nachdrücklich auf Ihrer Forderung beharren, indem Sie zum Beispiel antworten: »Ich bestehe darauf, daß Sie die Ware zurücknehmen.«

Sich unsicher fühlen = unsicher auftreten

Ganz anders wird Ihre Reaktion jedoch sein, wenn Sie zu sich sagen: *»Ich muß den Verkäufer jetzt irgendwie verärgert haben. Er kennt sich sicher mit der rechtlichen Lage besser aus als ich.«* Diese kognitive Bewertung der Situation führt zu einem Gefühl der Verunsicherung, vielleicht sogar zu einem Schuldgefühl: »Jetzt habe ich Schuld daran, daß er sich über mich ärgert, ich mache ihm nur noch mehr Arbeit, wo er doch schon ohne mich so viel zu tun hat.« Natürlich nehmen Sie diese Gefühle wahr und verstärken damit Ihre kognitive Bewertung, indem Sie dann vielleicht denken: *»Hätte ich mich doch vorher besser informiert, ob ich das Gerät wirklich reklamieren kann. Vielleicht habe ich ja wirklich etwas falsch gemacht. Dann bin ich wohl schuld, daß es jetzt nicht mehr funktioniert. Was wird er nur über mich denken?«* Nach einem solchen inneren Monolog werden Sie schwerlich noch in der Lage sein, auf Ihrer Forderung zu beharren. Ihre Reaktion wird sehr wahrscheinlich unsicher und umständlich wirken, wenn Sie nun beispielsweise versuchen, dem Verkäufer zu erklären: *»Aber ich glaube eigentlich nicht, daß ich bei dem Gerät irgendwas falsch gemacht habe. Ich will Ihnen ja keine Umstände machen, aber es war wirklich kaputt, als ich es zu Hause ausprobiert habe. Und ein neues kann ich mir nicht kaufen, weil es doch so teuer ist.«* Damit haben Sie schon verloren. Der Verkäufer wird wahrscheinlich kein Mitleid mit Ihnen haben.

> Sie sehen also, daß der Erfolg einer Handlung ganz entscheidend von Ihnen selbst, nämlich von Ihren kognitiven Bewertungen und den dadurch ausgelösten Emotionen abhängt.

Wichtig ist, ob Sie sich innerlich Mut zusprechen und sich selbst versichern, daß Sie diesen Anspruch haben (wir sprechen in diesem Fall von *positiver Selbstverbalisation*), oder ob Sie schon von Anfang an innerlich verzagen (wir nennen diesen Fall *negative Selbstverbalisation*).

Wie Sie sich selber fit für eine Situation machen – oder unfähig

Verdeutlichen Sie sich selbst, welchen großen Unterschied eine positive und eine negative Selbstverbalisation für das Verhalten ausmacht. Stellen Sie sich eine Situation vor, am besten eine, die Sie kürzlich selbst erlebt haben und in der Sie sehr unsicher waren. Sie können sich aber natürlich auch irgendeine Situation ausdenken. Sollte Ihnen keine einfallen, dann nehmen Sie folgendes Beispiel:

> Ihr Chef hat Ihnen für Januar eine Gehaltserhöhung zugesichert, es ist aber bereits März, und Sie beziehen noch immer Ihren alten Lohn. Sie sind jetzt auf dem Weg zu Ihrem Chef, um die Erhöhung einzufordern.

Sie sehen nun im nachfolgenden Kasten ein Schema, das Ihnen bereits aus dem ersten Kapitel bekannt ist. Dort wurde Ihnen erklärt, in welcher Weise Kognition und Emotion mit der äußeren Situation und Ihrem Verhalten in dieser Situation zusammenhängen. Diesmal sind die einzelnen Kästchen des Schemas noch leer. Versuchen Sie nun, diese leeren Kästchen zu füllen. Benutzen Sie dazu entweder ein eigenes Erlebnis oder das Beispiel mit der Gehaltserhöhung

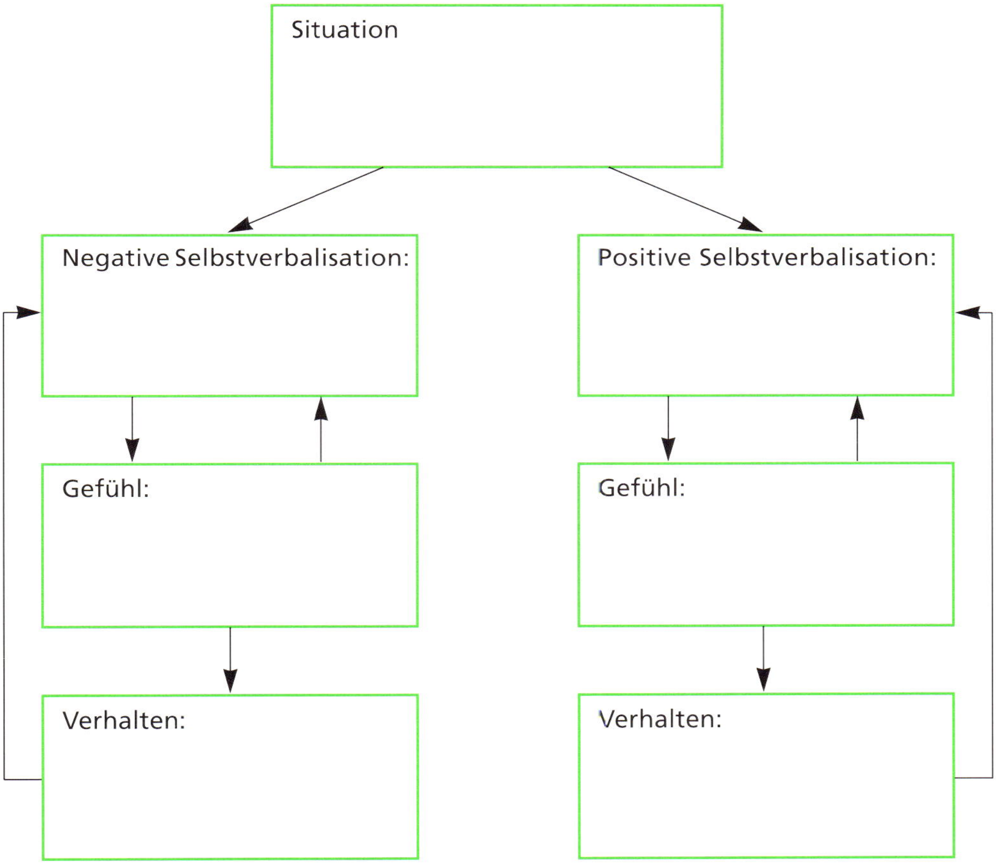

Haben Sie sich für eine Situation entschieden? Dann tragen Sie in das oberste Kästchen des Schemas in knappen Worten ein, worum es dabei geht.

Negative Selbstverbalisation und ihre Folgen

Füllen Sie anschließend zuerst die linke Seite dieses Schemas nacheinander aus. Beginnen Sie damit, eine negative Selbstverbalisation zu formulieren. Überlegen Sie sich, welche negativen Gedanken in dieser Situation auftreten können, und dann, welches Gefühl durch eine solch negative Selbstverbalisation ausgelöst wird. Tragen Sie das Gefühl möglichst

mit nur einem Wort ein. Fragen Sie sich zum Schluß danach, welches Verhalten aus diesen Überlegungen und Gefühlen resultieren könnte. Wie würde sich also eine Person in dieser Situation mit entsprechenden Gedanken und Gefühlen verhalten?
Wenn Sie die linke Seite des Schemas in dieser Reihenfolge ausgefüllt haben, dann verdeutlichen Sie sich nun noch einmal, wie eng negative Selbstverbalisation und Gefühl miteinander verbunden sind und sich wechselseitig beeinflussen. Achten Sie auch auf den Pfeil, der vom Verhalten auf die Selbstverbalisation zurückführt. Überlegen Sie sich, was bei diesem Prozeß passieren kann.

Positive Selbstverbalisation und ein Vergleich

Füllen Sie nun die rechte Seite Schritt für Schritt in der gleichen Reihenfolge aus. Stellen Sie sich also vor, welche Folgen in der gleichen Situation eine positive Selbstverbalisation haben kann. Achten Sie auch hier auf den Pfeil, der vom Verhalten auf die Selbstverbalisation weist. Vergleichen Sie zum Schluß die Verhaltensweisen in der linken und in der rechten Spalte.

Kreisläufe der Angst

Wenn Sie den rechten und den linken Zweig dieses Schemas vergleichen, werden Sie deutlich sehen, wie die von Ihnen formulierte Selbstverbalisation das Verhalten beeinflußt. An den Pfeilen zwischen den einzelnen Kästchen sehen Sie, daß es zwischen den einzelnen Stufen diese Prozesses verschiedene Rückkopplungen (*Feedback*) gibt.

Erleben Sie die Gefühle der Angst und der Sicherheit

So kann zum Beispiel eine negative Selbstverbalisation das Gefühl der Angst wecken. Dieses Gefühl geht mit verschiedenen körperlichen Symptomen einher. Sie spüren zum Beispiel Herzklopfen, bekommen feuchte Hände, einen trockenen Mund und vieles mehr. Diese Symptome nehmen Sie selbst wahr und bewerten sie. Das führt zu neuen negativen

Es gibt auch Kreisläufe der Selbstbestätigung

Selbstverbalisationen (»*Ich merke, daß ich ganz aufgeregt bin*«). Dadurch wird die Angst noch größer. Auf diese Weise kann ein teuflischer Kreislauf in Gang gesetzt werden, in dem sich Ihre Unsicherheit zwangsläufig hochschaukelt und vielleicht sogar panikartige Attacken herbeiführt. Sie handeln dann noch unsicherer und nehmen auch das wahr. Wieder werden Sie eine negative Selbstverbalisation durchführen, und so schließt sich auch hier der Kreis.

Genau die gleichen Prozesse laufen aber auch ab, wenn Sie von vornherein mit einer positiven Selbstverbalisation arbeiten. Nehmen wir an, Sie sagen beispielsweise zu sich selbst: »*Es ist mein gutes Recht, auf der zugesagten Gehaltserhöhung zu bestehen!*« Mit diesen Worten im Kopf werden Sie sehr wahrscheinlich ein Gefühl der Sicherheit bei sich wahrnehmen. Ein sicheres, selbstbewußtes Gefühl läßt Sie sicherer handeln, und wenn Sie sich selbstbewußt agieren sehen, werden Sie spüren, daß Sie sich zunehmend besser und freier fühlen. Sie können sich also selbst positiv verstärken, so wie Sie im anderen Falle Ihrer negativen Selbstverbalisation ausgeliefert schienen.

Natürlich macht eine positive Selbstverbalisation nicht irgendwie von selbst, daß Sie völlig ruhig und entspannt in eine solche Situation gehen. Möglicherweise sind Sie trotzdem etwas aufgeregt. Sie spüren vielleicht auch jetzt, daß Ihr Herz schneller schlägt, daß Sie ein etwas flaues Gefühl im Magen haben usw. Selbst wenn die Symptome ähnlich sind wie beim Gegenbeispiel der negativen Selbstverbalisation, werden Sie sie diesmal nicht als Angst, sondern höchstens als Aufregung bezeichnen. Damit können Sie sicher sehr viel besser leben. Denn Aufregung macht – wenn sie im normalen Maß bleibt – nicht handlungsunfähig. Sie hat vielmehr den positiven Effekt, den Menschen zu aktivieren, ihn aufmerksamer und leistungsfähiger zu machen.

Machen Sie sich diese Prozesse und Kreisläufe immer wieder deutlich! Üben Sie sich darin, Ihre Selbstverbalisationen, Ihre Gefühle und Ihr Verhalten in den verschiedensten Situationen zu erkennen!

Zwei Trainingsschritte zur Sicherheit

Üben Sie immer wieder!

Wenn Sie diese Ratschläge befolgen wollen, schlagen wir Ihnen vor, in zwei Schritten zu üben. Natürlich ist die Stufe, auf der Sie beginnen, davon abhängig, wie selbstsicher Sie bis jetzt waren und wie Sie früher solche Situationen bewältigt haben.

Am Anfang bietet es sich an, *sich verschiedene Situationen vorzustellen oder auszudenken* und danach zu fragen, was bei einer negativen Selbstverbalisation geschehen würde und was bei einer positiven.

Gehen Sie dann dazu über, vor dem Einschlafen Ihren Tag zu überdenken und sich *noch einmal die Situationen zu vergegenwärtigen*, in denen Sie sich selbstunsicher verhalten haben. Überlegen Sie sich dann, was Ihnen in dieser Situation alles durch den Kopf gegangen ist, und versuchen Sie, sich für das nächste Mal eine positive Selbstverbalisation zu überlegen.

Loben Sie sich für jeden Versuch, selbstsicher aufzutreten!

Überlegen Sie schon *vor möglicherweise eintretenden kritischen Situationen*, was Sie zu sich sagen könnten, um sich positiv zu stimmen. Überprüfen Sie am besten gleich danach oder am Abend des gleichen Tages, wie Sie sich damit gefühlt und wie Sie sich verhalten haben. Loben Sie sich für jeden Versuch, selbstsicher aufzutreten!

Instruktionen für selbstsicheres Verhalten

Alle Überlegungen zu den Merkmalen und Voraussetzungen selbstsicheren Verhaltens lassen sich nun als *Instruktionen* formulieren. Mit Hilfe solcher Instruktionen wird es Ihnen möglich sein, sich in den entscheidenden Momenten an die wichtigsten Dinge zu erinnern. Denken Sie immer daran, daß selbstsicheres Verhalten schon *vor* dem sichtbaren Verhalten beginnt – praktisch im Kopf. Alle weiteren Schritte bauen auf diesen inneren Prozessen auf. Vergessen Sie niemals, sich nach der Situation für das, was Sie gut bewältigt haben, zu belohnen!
Im folgenden Kasten finden Sie die Instruktionen für selbstsicheres Verhalten, an denen Sie sich orientieren können, wenn Sie Ihre legitimen Rechte durchsetzen und wahren wollen.

Vor der Situation:

- Geben Sie sich selber positive Instruktionen (z. B. *»Ich werde es schaffen«*, *»Das ist mein gutes Recht«*).

In der Situation:

- Reden Sie laut und deutlich, aber schreien Sie nicht.
- Schauen Sie Ihrem Partner in die Augen (Blickkontakt).
- Nehmen Sie eine entspannte Körperhaltung ein.
- Äußern Sie Ihre Forderungen, Wünsche und Gefühle in der Ich-Form.
- Sagen Sie zuerst, was Sie wollen, dann: warum.
- Entschuldigen Sie sich nicht, wenn Sie berechtigte Forderungen stellen.

Ihr Ziel ist nicht, den anderen fertig zu machen, sondern nur, Ihr Recht in Anspruch zu nehmen!

Deshalb:

- Werden Sie nicht aggressiv, sondern bleiben Sie ruhig und bestimmt im Auftreten. Das bringt Sie weiter.
- Werten Sie Ihren Partner nicht durch polemische und globale Wertungen ab (*»Du bist immer …«, »Du hast mal wieder …«*)
- Äußern Sie ruhig auch einmal Verständnis für die Position des anderen.

Nach der Situation:

- Verstärken Sie sich für Ihre Fortschritte. Erkennen Sie Ihre eigenen Bemühungen an, und beachten Sie jeden kleinen Fortschritt, den Sie erzielen. Jeder Lernprozeß benötigt Zeit und Übung!
- Man kann nur schnell und gründlich lernen, wenn man seine Aufmerksamkeit auf positive Fortschritte richtet, das heißt: Stolz und zufrieden sein, wenn man ein kleines Stück weitergekommen ist!
- Vergleichen Sie sich nicht mit dem Ideal, das Ihnen vielleicht vor Augen steht, sondern beachten Sie den relativen Fortschritt!
- Vermeiden Sie Selbstkritik, Selbsthaß und Ungeduld mit sich selbst! Mit Schuldgefühlen und Selbstbestrafung wurde noch nie viel erreicht, aber sehr oft mancher positive Ansatz zur Selbstentfaltung unterdrückt, da man den eigenen unmenschlichen Leistungsforderungen nicht genügte.

Instruktionen anpassen – Beispiel: Redetraining für Frauen

Diese Instruktionen für selbstsicheres Verhalten haben sich seit vielen Jahren nicht nur im psychotherapeutischen Bereich, sondern in den verschiedensten psychologischen Trainings bewährt. Sie lassen sich für beliebige Anforderungen konkretisieren und von Jedermann/Jederfrau anwenden.

Breite Anwendung finden solche angepaßten Instruktionen beim Selbstsicherheitstraining für Frauen. Ihnen fällt es er-

Häufig haben Frauen hier besonders große Probleme.

fahrungsgemäß schwerer als Männern, Forderungen zu äußern und Rechte durchzusetzen. Sie haben meistens schon als kleine Mädchen erfahren, daß von ihnen eher erwartet wird, sich zurückzunehmen, »bescheiden« zu sein, nachzugeben und zu besänftigen. Bei Diskussionen in gemischtgeschlechtlichen Gruppen ziehen Frauen durch ihre gelernte Selbstbeschränkung häufig »den kürzeren«: Sie reden weniger, übernehmen seltener die Leitung, bestimmen seltener das Thema usw. Frauen haben in diesen Situationen oft den Eindruck, nicht zu Wort zu kommen, übergangen oder unterbrochen zu werden.

Ein Trainingsbeispiel für Frauen

In Redetrainings für Frauen wird darum besonders geübt, das Recht zu reden durchzusetzen, also sich Gehör zu verschaffen. Folgende Situation ist dafür denkbar:

> Sie haben eine PR-Sitzung. Sie haben an einem Seminar zur Vorbereitung der PR-Wahlen teilgenommen und sollen nun berichten. Kollege X fällt Ihnen ins Wort: *»Das kennen wir doch schon alles von der letzten Wahl!«*

In einer solchen Situation können Sie nach folgender Instruktion handeln:

- Wenn Sie unterbrochen werden, dann übergehen Sie zunächst den Einwand und reden Sie einfach weiter. Lassen Sie also den Kollegen nicht ausreden!
- Wenn Kollege X hartnäckig ist, bestehen Sie freundlich, aber entschieden darauf, daß Sie um den Bericht gebeten worden seien und ihn nun auch halten möchten. Weisen Sie X darauf hin, daß er ja hätte beantragen können, daß der Punkt von der Tagesordnung genommen wird.
- Wenn Sie sich über die Unterbrechung ärgern, sagen Sie das.

In einer solchen Situation:

- Sagen Sie am besten laut und deutlich, was Sie möchten.
- Probieren Sie es mehrmals, wenn es beim ersten Anlauf nicht klappt.
- Reden Sie kurz.
- Schauen Sie Ihr Gegenüber an.
- Bleiben Sie freundlich.
- Vermeiden Sie Diskussionen über den Inhalt dessen, was Sie sagen.
- Machen Sie keine Vorwürfe.
- Sagen Sie auch, wie Sie die Situation empfinden.

Sie sehen, daß sich diese Instruktionen von den allgemeinen Instruktionen im oberen Merkkästchen nicht wesentlich unterscheiden, sie sind lediglich auf eine bestimmte Situation, eine bestimmte Aufgabenstellung und auf bestimmte Personen abgestimmt. Sie können sich an diesem Beispiel orientieren, wenn Sie sich Instruktionen »maßschneidern« wollen, weil Sie selber oder in einer kleineren Gruppe selbstsicheres Verhalten in der einen oder anderen Situation üben möchten.

Aufs Tun kommt es an

Sie haben bis jetzt bereits zwei ganz wesentliche Dinge geübt: Sie haben geübt, die Prozesse, die bei positiver und negativer Selbstverbalisation ablaufen, zu erkennen und ihre Wirkung auf das Verhalten abzuschätzen. Sie haben sich außerdem darin geübt, zwischen aggressivem, selbstsicherem und selbstunsicherem Verhalten zu unterscheiden. Die Fähigkeiten, die Sie sich damit angeeignet haben, werden Ihnen ermöglichen, sich in Situationen, in denen Sie eine Forderung oder ein Recht durchsetzen wollen, besser zurechtzufinden.

> Denken Sie immer daran, daß eine solche Situation eine sachliche Angelegenheit ist. Ihr Ziel ist es, Ihre legitimen Interessen zu vertreten. Der Erfolg Ihres Verhaltens hängt in großem Maße von Ihnen selbst ab.

Darum ist es wichtig, selbstsicher, aber nicht aggressiv aufzutreten. Denn Erfolg bedeutet nicht, immer und auf Biegen und Brechen zu bekommen, was man möchte oder was einem zusteht. Er mißt sich vielmehr daran, ob wir in der Lage sind, zufriedenstellende Beziehungen zu unseren Mitmenschen zu haben. Und dafür ist es wichtig, daß der andere bemerkt: Wir sind sicher, wir wissen, was wir wollen, wir sind aber auch in der Lage, genau zu unterscheiden zwischen sachlichen Forderungen und persönlichen Beziehungen. Einem Freund keine Bitte abzuschlagen, weil er ein Freund ist, weil man vielleicht sogar befürchtet, die Freundschaft könne darunter leiden, zeugt genauso von Selbstunsicherheit und ist ein ebenso ungeeignetes Verhalten wie das Gegenteil, wo jemand eine berechtigte Forderung aggressiv oder sarkastisch durchdrückt. Auf beides können Sie getrost verzichten.

Dritte Übung: Der Sprung ins Wasser

Wenn wir schwimmen lernen, beginnen wir gewöhnlich zuerst damit, auf dem Trockenen Arm- und Beinbewegungen zu üben. Wir hören uns an, wie man am besten atmet und wie man im Wasser liegen sollte. Wir lernen, daß Technik der eine Teil ist, daß es aber ebenso wichtig ist, im entscheidenden Augenblick ruhig zu bleiben, die Übersicht zu behalten, auf sich zu vertrauen und sich von Mißerfolgen nicht abschrecken zu lassen.

Sie können schon schwimmen – Sie wissen es nur noch nicht!

Genauso ist es mit den Fähigkeiten, die Sie bis jetzt gelernt und geübt haben. Die positive Selbstverbalisation ist die Atemtechnik, selbstsicheres Verhalten die Beintechnik und die sichere Unterscheidung zwischen aggressivem, selbstsicherem und selbstunsicherem Verhalten die Armtechnik. Nun kommt der Augenblick, in dem Sie mit einem Sprung ins tiefe Wasser Ihre neuen Fähigkeiten ganz allein und ohne Hilfsmittel ausprobieren können. Das wichtigste ist, daß Sie damit nicht zögern.

> Warten Sie nicht auf einen günstigen Augenblick, um zu sehen, wie Sie Ihr Recht durchsetzen und Ihre Forderung vortragen können. Suchen Sie sich die Gelegenheit!

Wenn Sie schwimmen gelernt haben, hoffen Sie sicher auch nicht darauf, daß Sie zufällig einmal mit Badesachen an einer Schwimmhalle oder einem See vorbeispaziert kommen, sondern Sie gehen gezielt an solche Orte. Sie werden auch nicht nur ein- oder zweimal ein paar Züge schwimmen, sondern immer wieder üben und trainieren, bis Sie sich ganz sicher fühlen und alle Bewegungen, die Sie sich anfangs mühsam erarbeitet haben, vollkommen automatisch beherrschen.

Suchen Sie die Gelegenheit zum Üben!

Nicht anders ist es mit der Fähigkeit, selbstbewußt zu handeln. Auch hier macht Übung den Meister. Und auch hier ist es wichtig, nicht zu zögern und sich realistische Ziele zu stecken. Sie werden sich über Erfolge freuen können, wenn Sie es geschafft haben, sich zu überwinden und gesehen haben, daß Sie nicht »untergehen«.

Im folgenden Kästchen finden Sie sieben Situationen, in denen es darauf ankommt, ein Recht in Anspruch zu nehmen. Lesen Sie sich diese Situationen zuerst durch und schätzen Sie ein, für wie schwierig Sie sie halten. Geben Sie der schwierigsten eine Eins und der leichtesten eine Sieben.

1) Suchen Sie ein Geschäft Ihrer Wahl auf (Radio-, Foto-, Möbelgeschäft oder etwas ähnliches), lassen Sie sich eine oder mehrere Waren zeigen und erklären, bedanken Sie sich und verlassen Sie dann das Geschäft, ohne etwas zu kaufen. ☐

2) Gehen Sie in einen Supermarkt und schauen Sie sich die dort angebotenen Waren an. Kaufen Sie nichts ein, sondern stellen Sie den Wagen wieder ab und verlassen Sie den Supermarkt. ☐

3) Suchen Sie ein Kaufhaus auf und schauen Sie interessiert die Waren irgendeines Verkaufsstandes an. Nehmen Sie auch einige Gegenstände in die Hand. Wenn ein(e) Verkäufer(in) Sie anspricht, sagen Sie: *»Ich möchte mich nur einmal umsehen«*, betrachten weiter die Waren und kaufen nichts. ☐

4) Gehen Sie in ein Geschäft und lassen Sie sich Geld wechseln (zum Telefonieren oder für Zigaretten). Geben Sie dabei keine langen Erklärungen ab, sondern bringen Sie nur kurz Ihr Anliegen vor. ☐

5) Sprechen Sie auf der Straße einen der vorübergehenden Passanten an und lassen Sie sich fürs Telefonieren (oder für Zigaretten) Geld wechseln. ☐

6) Sprechen Sie auf der Straße einen der Vorübergehenden an und lassen Sie sich drei Groschen (zum Telefonieren) schenken. Bringen Sie zunächst nur Ihr Anliegen vor und benutzen Sie das Wort »schenken«. Sollte der andere nachfragen, begründen Sie Ihr Anliegen damit, daß Sie Ihre Geldbörse vergessen hätten. ☐

7) Gehen Sie in ein Lokal (Café) und fragen Sie, ob Sie dort telefonieren könnten. Verzehren Sie nichts, sondern führen Sie nur das Telefongespräch. (Überlegen Sie sich vorher, wen Sie anrufen könnten.) ☐

Nun entscheiden Sie sich bitte für eine Situation, die Sie in der folgenden Woche angehen wollen.

Warum Sie so und nicht anders trainieren sollten

> Es kommt nicht darauf an, daß Sie eine besonders schwierige Situation auswählen, sondern einzig und allein darauf, daß Sie unbedingt eine dieser sieben Situationen in der Realität durchführen.

Selbstbewußt handeln heißt aktiv sein, »die Fäden in der Hand halten«. Wer nur wartet, daß etwas passiert, wird oft enttäuscht.

Vielleicht erscheinen Ihnen die vorgegebenen Situationen »künstlich« oder »unnatürlich«. Bedenken Sie aber, daß es noch immer eine Übung ist. Dabei ist es für Sie auf jeden Fall besser, wenn Sie bewußt und aktiv an eine Aufgabe herangehen, als wenn Sie Gelegenheiten auf sich zukommen lassen. Selbstbewußt handeln heißt auch: aktiv sein, sich um sich selbst kümmern, »die Fäden in der Hand halten«, losgehen und sein Bestes versuchen. Wer nur wartet, daß etwas passiert, wer nur dem Zufall vertraut, wird oft enttäuscht.

Und nicht nur das. Auf diese Weise wird für Sie selbst nur der Eindruck verstärkt, man sei von anderen Personen abhängig, es sei nur möglich, zu reagieren, man komme nicht »zum Zug« und sei ein Spielball der Umstände. Solche Eindrücke befördern geradezu negative Selbstverbalisationen (s. S. 78–83) und damit mehr und mehr selbstunsicheres Verhalten. Warten Sie also nicht ab, sondern beginnen Sie schon an diesem Punkt, selbstsicher zu sein, sich Mut zuzusprechen und Ihr »Schicksal« in die eigenen Hände zu nehmen.
Haben Sie sich entschlossen, das zu probieren? Dann wählen Sie eine der vorgegebenen Situationen aus und tragen Sie die entsprechende Nummer hier ein:

> Ich werde in der kommenden Woche Situation … durchführen.

Sie brauchen Verbündete.

Am besten ist es, wenn Sie Ihre Entscheidung jemandem mitteilen und darauf drängen, daß diese Person Sie nach Ablauf der Woche danach fragt, ob Sie Ihr Vorhaben tatsächlich umgesetzt haben. Eine solche Kontrolle kann sehr nützlich sein, denn sie kann Ihnen helfen, sich Mut zu machen und bei der Sache zu bleiben. Darüber hinaus können Sie sicher sein, daß jemand Ihre Freude und Ihren Stolz unterstützen und teilen wird.

> Mit einer positiven Selbstverbalisation, selbstsicherem Verhalten und einem guten Schuß Selbstlob nach jedem Versuch wird Ihnen Ihr Vorhaben gelingen.

Probieren Sie nach der ersten Situation auch andere schwierigere Situationen aus, und organisieren Sie sich Ihre eigenen Bewährungsproben. Sie können sich zusätzlich unterstützen, wenn Sie ein Tagebuch über Ihre Versuche und Fortschritte führen. Nach einigen Wochen oder Monaten werden Sie beim Nachlesen feststellen, wie schnell Sie sich an solche Situationen gewöhnt haben und wie gut Sie sich in ihnen nun verhalten können.

Sich selbst belügen bringt nichts!

Damit Sie einen guten Vergleich haben, sollten Sie sich jedesmal nach dem gleichen Schema ehrlich einschätzen. Wichtig ist, daß Sie tatsächlich ehrlich zu sich selbst sind. Beschönigen Sie nichts – aber seien Sie auch nicht zu kritisch. Beobachten Sie sich und die anderen Personen aufmerksam und üben Sie sich immer wieder darin, Ihre eigenen Gefühle klar wahrzunehmen und zu benennen. Es bietet sich darum an, in Ihrem Tagebuch jede Übung nach folgenden Fragen auszuwerten:

1. Welche Situation habe ich durchgeführt?

2. Wo und wann habe ich die Situation durchgeführt?

3. Wie zufrieden war ich mit meinem eigenen Verhalten?
   sehr zufrieden / weitgehend zufrieden / eher zufrieden / eher unzufrieden

4. Wie habe ich mich *vor* der Situation gefühlt?

5. Wie habe ich mich *nach* der Situation gefühlt?

6. Wie haben die anderen Personen reagiert?

7. Welche Situation nehme ich mir für die nächste Woche vor?

Manches kann man auch theoretisch erproben.

Haben Sie die Übung durchgeführt? Wenn nicht, dann schlagen Sie doch an dieser Stelle das Buch erst einmal zu und probieren Sie es!

Ersatzweise können Sie sich natürlich auch in eine der vorgegebenen Situationen »im Geiste« versetzen. Stellen Sie sich dafür möglichst genau die Szene vor. Welche Tageszeit ist es, wie ist das Wetter, sind viele Leute auf der Straße bzw. im Geschäft, oder ist es eher leer? Kennen Sie die Person, die Sie ansprechen wollen, oder ist sie Ihnen völlig fremd; ist sie gerade sehr beschäftigt, oder sieht es aus, als habe sie nichts weiter zu tun? Beachten Sie so viele Details Ihrer Szene wie möglich.

Sie wollen am liebsten weglaufen? Das ist normal.

Nun fühlen und hören Sie in sich hinein. Was geschieht in Ihnen, wenn Sie sich vorstellen, Ihre Übung jetzt anzugehen? Wenn Sie merken, daß Ihr Herz beginnt, schneller zu schlagen, daß Sie ein merkwürdiges Kribbeln im Bauch spüren, daß Sie vielleicht sogar am liebsten aufhören würden, bei Ihrer Vorstellung zu bleiben, dann sprechen Sie sich Mut zu: *»Es ist kein Problem. Es ist mein gutes Recht. Ich kann selbstsicher auftreten …«* Spüren Sie, wie sich Ihr Körper strafft, wie sich der Herzschlag beruhigt und der Atem langsamer und freier geht? Spielen Sie jetzt Ihre Übung weiter durch. Stellen Sie sich vor, wie Sie die andere Person anschaut, was sie sagt, welche Körperhaltung sie hat und wie Sie sich selbst verhalten. Beenden Sie die Übung genau so, wie es Ihre Aufgabe erfordert.

Selbstlob nie vergessen!

Nun fühlen und hören Sie nochmal genau in sich hinein. Wie haben sich Ihre Gefühle und Gedanken im Vergleich zu vorhin verändert? Loben Sie sich selbst und schmälern Sie Ihr Lob keinesfalls, indem Sie sich sagen, es sei ja nicht »echt«, eben nur eine Gedankenreise gewesen. Sie haben diese Reise unternommen. Allein das ist wichtig und auf jeden Fall ein guter Anfang.

Nachdenken ersetzt nicht wirkliches Handeln

Aber natürlich ersetzt kein Nachdenken das tatsächliche Tun. Wenn jemand zum Beispiel eine Spinnenphobie, also eine übermäßige Angst vor Spinnen hat, dann ist es natürlich eine Riesenleistung, wenn er sich dazu durchringen kann, sich Spinnen überhaupt vorzustellen. Wenn er sich vorzustellen bereit ist, an eine nicht einsehbare Stelle zu fassen, wo vielleicht ein solches Tier sitzen könnte, es gar «im Geiste« zu berühren. Doch will er seine Phobie tatsächlich überwinden, und das nicht nur kurzzeitig, sondern auf lange Sicht. Dazu genügt dieser erste Schritt nicht. Er muß lernen, mit echten Spinnen in seiner normalen Umwelt zurechtzukommen. Immer wieder und immer wieder wird er sich überwinden müssen, bis irgendwann die Angst abnimmt und vielleicht sogar verschwindet. Gerade bei Phobien gibt es viele Therapie-Erfolge.

Angst kommt von Enge – sie beschränkt Ihren Lebensraum.

Eine solche Phobie ist für jeden, der sie hat, eine unglaubliche Belastung. Sie bedeutet, daß sich die Personen nicht nur in ihrem Lebensgefühl sondern in ihrem Lebensraum immer mehr eingeschränkt fühlen. Es gibt so viele Gelegenheiten und so viele Orte, an denen Spinnen vermutet werden können! Die Angst läßt alle diese Stellen zur Gefahr werden, die gemieden werden muß.

Die schwersten Folgen hat die Angst vor anderen Menschen.

Ähnlich ist es, wenn soziale Beziehungen zur potentiellen Gefahr zu werden drohen. Wenn die Angst davor, ein Recht einzufordern, eine Forderung zu stellen oder auch »Nein« zu sagen, Sie daran hindert zu sagen, was Sie wollen und was nicht, schränkt auch das das Lebensgefühl und den Lebensraum ein. Vielleicht ist es möglich, sich solchen Situationen eine Zeit lang, möglicherweise auch ein Leben lang, zu entziehen. Vielleicht sagt man sich, die eigenen Forderungen seien ja nicht so wichtig, man könne eben niemandem eine »Bitte« abschlagen, man sei nun mal »zu gut für diese Welt«. Hat man sich für diesen Weg entschieden und damit arrangiert zurückzustecken, dann ist es nicht nötig, etwas zu verändern.

Nachgiebig und bescheiden – sind Sie wirklich glücklich damit?

Da Sie aber dieses Buch zur Hand genommen haben, gehen wir davon aus, daß Sie nicht zu diesen Leuten gehören. Sie wollen versuchen, Ihr Schicksal selbst zu lenken, mit offenen Augen und aufrechtem Gang durchs Leben zu gehen, gleichberechtigter Partner Ihrer Freunde, Kollegen, Eltern und anderen Mitmenschen zu sein. Doch dieses Selbstbewußtsein kann man sich nicht erlesen oder erträumen. Wichtig ist, daß es sich tatsächlich üben und trainieren läßt.

Zusammenfassung: Freuen Sie sich an allem, was Sie erreicht haben!

Wir sind am Ende unserer Übungen zur Situation *Recht durchsetzen*. Wenn Sie die Übungen selbst durchgeführt haben, werden Sie feststellen können, daß Sie über neue Fähigkeiten verfügen. Sie haben gelernt, durch positive Selbstverbalisation und selbstsicheres Verhalten diese Situationen zu meistern. Sie haben erfahren, daß Sie sachlich und angstfrei Forderungen stellen können und daß sie damit Beziehungen zu anderen Menschen nicht zerstören, sondern auf einer sachlichen Ebene positiv gestalten können. Scheuen Sie sich nicht davor, sich immer wieder selbst zu loben. Zu wissen, was man kann und welche guten Seiten man hat, ist die beste Voraussetzung dafür, sich gut zuzusprechen (positive Selbstverbalisation!) und sich selbstbewußt zu verhalten.

Situationen Typ 2: Beziehungssituationen

Wer Rechte durchsetzen will, braucht nicht nett zu sein ...

Wenn wir in ein Geschäft gehen, um eine neu gekaufte, aber defekte Videokamera umzutauschen, treten wir zum Verkäufer in Kontakt. Die Situation, in der wir uns damit befinden, ist natürlich in irgendeiner Form eine *Beziehungssituation*. Allerdings ist diese Beziehung dadurch gekennzeichnet, daß wir sie aus sachlichen und rechtlichen und weniger aus persönlichen Gründen eingehen. Der Verkäufer ist lediglich die Person, die uns dieses Recht gewähren muß, dazu ist er verpflichtet. Ein selbstsicheres Auftreten wird uns in diesem Rahmen ermöglichen, unseren Anspruch geltend zu machen, auch wenn der Verkäufer versucht, uns unverrichteter Dinge wieder gehen zu lassen.

Was sind Beziehungssituationen?

Wie aber ändert sich die Situation, wenn wir nicht den unbekannten Verkäufer vor uns haben, bei dem wir etwas reklamieren wollen?

... wohl aber jeder, dem es um eine Beziehung geht.

Nehmen wir zum Beispiel an, ich bin mit einem Freund zum Essen verabredet, habe den ganzen Abend gekocht und vorbereitet, der Tisch ist gedeckt, Musik spielt und die Kerzen brennen. Wer nicht kommt, ist mein lieber Freund. Seit zwei Stunden warte ich inzwischen auf ihn. Ich bin verdammt wütend. Es ärgert mich, daß er mir nicht wenigstens abgesagt hat. Endlich entschließe ich mich, ihn anzurufen. Wie aber sollte ich mich jetzt verhalten? Ist es vernünftig, ihn so zu behandeln wie den Verkäufer, bei dem ich heute vormittag die kaputte Videokamera reklamiert habe? Kann ich von meinem Freund in der gleichen Weise fordern, daß er rechtzeitig das Treffen abzusagen habe, wenn er nicht kommen kann? Kann es mir im Prinzip egal sein, welche Einwände er vorzubringen hat? Wie kann ich ihm also sagen, daß ich ausgesprochen ärgerlich bin und was ich von ihm erwarte?

Viele dieser Fragen scheinen sich ganz selbstverständlich beantworten zu lassen. Natürlich wäre es sehr ungeschickt, den Freund anzurufen und ihm knapp zu sagen: »*Komm bitte sofort her, ich habe das Essen gekocht und nun erwarte ich, daß wir es auch zusammen aufessen.*« Selbst wenn er das tun würde, hätte wohl keiner so richtig Genuß an diesem Abend. Eher wäre zu erwarten, daß uns beiden die inzwischen kalten Bissen im Halse stecken bleiben würden.

Hier geht es nicht allein um Forderungen. Das Herz spricht mit.

Die Forderung nach der Reklamation eines Gerätes und die Forderung, daß ein Mensch, der mir wichtig ist, eine Verabredung einhält, sind also zwei ganz verschiedene Dinge. Oder, besser gesagt: Es sind zwei verschiedene Situationstypen.

> Solche Situationen wie z.B. der Anruf wegen des mißglückten gemeinsamen Abendessens bezeichnen wir als *Beziehungssituationen*.

Im Unterschied zu dem Kontakt, den wir aus sachlichen Gründen mit dem Verkäufer wegen einer Reklamation eingehen, sind Beziehungen sehr viel mehr »Herzensangelegenheiten«.

Von *Beziehungen* sprechen wir deshalb bei allen Begegnungen mit den Menschen, die uns emotional nahestehen, mit denen wir zusammen leben, weggehen, arbeiten oder unsere Freizeit verbringen.

Ob nun Freunde, Lebenspartner, Eltern, Kinder, Mitbewohner in der Wohngemeinschaft, Kollegen, »Kegelbrüder«, aber auch der nette Nachbar – sie alle können für unser psychisches Wohlbefinden sehr wichtig sein. Die Kontakte zu ihnen bestehen meist schon längere Zeit, und in der Regel haben beide Seiten ein Interesse daran, sie auch in Zukunft zu wahren und zu pflegen.

Das Problem ist hier: Jeder Beteiligte hat Bedürfnisse, Erwartungen und Forderungen.

In solchen Beziehungen, seien sie nun schon über Jahre gewachsen oder erst vor kurzem entstanden, treffen immer zwei oder mehrere Personen mit ganz eigenen Bedürfnissen, Erwartungen und Forderungen aufeinander. Jeder Mensch möchte in seinen Beziehungen seine eigenen Interessen wahren und seinen Bedürfnissen entsprechend handeln können. Darüber hinaus hat jeder natürlich auch dem anderen gegenüber bestimmte Forderungen und Erwartungen. Genauso hat aber auch der Partner eigene Bedürfnisse und Interessen und selbstverständlich auch Forderungen.

Hier können Sie Ihre Forderungen nicht einklagen

Solche Forderungen an die Beziehung insgesamt oder an den Partner sind jedoch in den seltensten Fällen irgendwie rechtlich legitimiert. Sie sind gewöhnlich aus den Regeln und Normen des Zusammenlebens abgeleitet, aber in keiner Weise irgendwie einklagbar. Eine Forderung, der Freund möge doch eine Verabredung einhalten oder eben vorher absagen, ist demnach etwas ganz anderes als die Forderung nach Reklamation eines Gerätes wie in den Situationen vom Typ *Recht durchsetzen*.

Die Besonderheit der *Beziehungssituationen* gegenüber den Situationen vom Typ *Recht durchsetzen* besteht also mindestens in zwei Dingen: in der Art der Forderungen und in den Handlungszielen. In *Beziehungssituationen* gibt es neben dem Ziel, eine Forderung oder ein Interesse durchzusetzen, das übergeordnete Ziel, die Beziehung zur anderen Person aufrechtzuerhalten oder zu verbessern. Forderungen lassen sich, weil sie rechtlich irrelevant sind, auch nicht über rechtliche Legitimation durchsetzen.

In vielen Beziehungen kann man jedoch beobachten, daß ein Großteil der Streitigkeiten nach dem Muster »*Wer hat recht?*« ablaufen. Sie werden behandelt wie Situationen vom Typ *Recht durchsetzen*. Hat nun der mehr recht, der es in der gemeinsamen Wohnung ordentlicher möchte, oder der Partner, dem die Ordnung nicht so wichtig ist? Hat der mehr recht, der morgens Kaffee trinken möchte, oder der, der am liebsten Tee zum Frühstück trinkt?

Unterschiede akzeptieren oder Kompromisse finden, darauf kommt es an.

Ganz offensichtlich geht es in diesen beiden Beispielen um unterschiedliche Bedürfnisse oder Gewohnheiten, die man entweder in ihrer Verschiedenheit akzeptieren – oder aber über einen Aushandlungsprozeß zu einem für beide Seiten erträglichen Kompromiß zusammenführen muß.
Daß in einer Partnerbeziehung unterschiedliche Bedürfnisse bestehen, ist eigentlich normal und sollte kein Problem darstellen. Man macht die Verschiedenheit aber zum Problem, wenn man die eigenen Bedürfnisse für »richtiger« oder begründeter hält als die des Partners und versucht, sie über ein Sich-Durchsetzen als allgemeingültig zu etablieren.

Gibt es in Beziehungen auch Situationen, die keine Beziehungssituationen sind?

Heißt das aber, daß es in persönlichen Beziehungen keine rechtlich legitimierten Forderungen gibt bzw. daß ich meine Interessen in einer Partnerschaft oder Freundschaft nicht auch gerichtlich durchsetzen kann? Nein, das heißt es nicht. Wenn eine Ehefrau von ihrem Mann mißhandelt wird, wenn jemand seiner Freundin Geld geliehen hat und sie sich weigert, es zurückzuzahlen, wenn der ansonsten sympathische und hilfsbereite Nachbar um Mitternacht die Stereoanlage bis zum Anschlag aufdreht und sich nicht dazu bewegen läßt, seine Musik in Zimmerlautstärke zu genießen, dann sind durchaus rechtlich legitimierte Interessen verletzt. Natürlich kann die Ehefrau gegen den Mann, der Freund gegen die Freundin klagen und der belästigte Mieter die Polizei holen.

Rechte durchsetzen in der Beziehung kann legitim, ja klärend sein.

Bei diesen Beispielen handelt es sich aber nicht um *Beziehungssituationen*, wie sie hier gemeint sind, sondern eindeutig um Situationen des Typs *Recht durchsetzen*. Nicht jedes Verhalten wird also dem Typ *Beziehungssituation* zugeordnet, nur weil sich die Personen gut kennen, vielleicht sogar mögen. Sobald rechtliche Interessen massiv verletzt werden, steht es selbstverständlich auch in Beziehungen jedem Menschen zu, dagegen vorzugehen, wie Sie das im vorigen Kapitel gelesen haben. Wenn also die Ehefrau, der Freund, der Mieter so ihr Recht durchsetzen, dann ist das völlig in Ordnung.

Sie nehmen dann allerdings in Kauf, daß die Beziehung leidet oder gar bricht. Bei Reklamationen in einem Geschäft ist mit einer solche Konsequenz ganz und gar nicht zu rechnen. Denn dort gibt es keine Beziehung, die für Käufer und Verkäufer zu wahren und zu pflegen wäre.

In Beziehungen, wie wir sie hier meinen, ist eine solche Konsequenz allerdings mit einzuberechnen. Und sie mag in dem einen oder anderen Fall sogar das beste sein, was eine Person für sich tun kann. Denn nicht jede Beziehung ist es auch wirklich wert, geschützt zu werden. Mitunter ist ein Bruch schon lange fällig, und ein Recht durchzusetzen ist dann nur der letzte, entscheidende Schritt.

Nicht jede Beziehung ist erhaltenswert.

Genauso gibt es Interessen und Forderungen, die zwar nicht juristisch legitimiert sein mögen, aber dennoch unbedingt durchgesetzt werden sollen. Entwickelt sich zum Beispiel der Mitbewohner der Wohngemeinschaft zu einer Person, die ständig Streit sucht oder sich trotz mehrmaliger Ermahnungen nicht an den Hausarbeiten beteiligt, dann kann auch hier das Ziel, die Beziehung zu wahren, völlig in den Hintergrund treten. Die Situation, die durch den Konflikt entsteht, kann dann durchaus nach dem Muster *Recht durchsetzen* angegangen werden. In solchen Situationen können der große Familienstreit, das Auseinanderziehen, die Scheidung usw. die Folge sein, und das ist einzukalkulieren.
Möglicherweise ist es auch hier besser, diese Folgen – seien sie nun erwünscht oder nur in Kauf genommen – zu akzeptieren, als die Beziehung weiter aufrechtzuerhalten. Jedoch gehören auch diese Konflikte nicht zu denen, die hier als *Beziehungssituation* verstanden werden sollen.

Merkmale von Beziehungssituationen

Wer zwei Ziele hat, hat es schwerer …

Im Vergleich zu den Situationen, in denen es nur darum geht, sein Recht durchzusetzen, sind Beziehungssituationen weitaus komplexer. Die Personen haben in ihnen nicht mehr nur ein Ziel, sondern zwei – und gerade das birgt genügend Zündstoff für Konflikte.

Die Besonderheiten von Beziehungssituationen werden in folgenden Beispielen deutlich:

1) Dr. Dach, der Leiter eines Architekturbüros, bereitet ein Wettbewerbsprojekt vor. Er merkt am Tag vor dem Abgabetermin, daß er es allein nicht schafft, alle Unterlagen rechtzeitig fertigzustellen. Seine angestellten Architekten sind mit ihren eigenen Projekten beschäftigt und haben ohnehin bald Feierabend. Wenn er den Termin halten will, ist er darauf angewiesen, daß sie ihm helfen und darum Überstunden machen.

2) Die junge Frau Nett hat sich mit ihrer Freundin verabredet, die sie schon lange nicht mehr gesehen hatte. Sie spricht sich mit ihrem Mann ab, daß er an diesem Abend die Kinder versorgt. Am Tag ihrer Verabredung ruft jedoch ihr Mann vom Büro aus an und teilt ihr mit: »*Schatz, es geht heute leider nicht. Ich muß länger arbeiten und hinterher will sich gern Kollege X bei einem Bier mit mir unterhalten.*«

3) Herr Mustermann kommt früh immer schwer in Gang. Er braucht viel Zeit im Bad und vor allem Ruhe beim Frühstück. Seine Kinder drängeln allerdings vor der Badetür, ihr Kassettenrecorder läuft mit beträchtlicher Lautstärke, und beim Frühstück fangen sie an, sich zu zanken.

… als einer, der nur ans Durchsetzen seiner Rechte denken muß.

Gehen wir bei allen drei Beispielen davon aus, daß die Personen daran interessiert sind, ihren Wünschen, Forderungen und Bedürfnissen Rechnung zu tragen und zugleich ihre sozialen Beziehungen möglichst für alle zufriedenstellend aufrechtzuerhalten. Nehmen wir weiterhin an, sie hätten kürzlich das Kapitel dieses Buches gelesen, in denen sie die Instruktionen für selbstsicheres Verhalten in Situationen vom Typ *Recht durchsetzen* gefunden haben. Nehmen wir drittens an, sie würden versuchen, die Konflikte in dieser Weise zu lösen. Wie würden sie handeln?

1) Dr. Dach konzentriert sich kurz, denkt noch einmal an die wichtigen Unterschiede zwischen unsicherem, sicherem und aggressivem Verhalten, bedenkt, daß er weisungsberechtigter Arbeitgeber ist und sagt zu seinen Angestellten: »*Das Wettbewerbsprojekt muß heute noch fertiggestellt werden. Ich möchte, daß Sie einen Anteil der restlichen Arbeit übernehmen.*«

2) Frau Nett gerät beim Anruf ihres Mannes zwar in Zorn und ärgert sich maßlos. Sie erinnert sich jedoch daran, daß Aggression kaum weiterhilft, und sagt daher laut und deutlich, aber beherrscht: »*Wir hatten abgesprochen, daß du die Kinder übernimmst, und nun bestehe ich darauf. Ich will nicht mit dir darüber diskutieren. Regele das!*«

3) Herr Mustermann verliert trotz guten Vorsatzes die Beherrschung und schreit laut über den Frühstückstisch seine Kinder an: »*Seid endlich leise und laßt mir meine Ruhe!*« Dann besinnt er sich kurz, reißt sich zusammen und sagt: »*Ich will ungestört essen. Also haltet jetzt den Mund.*«

Hier kann das Erreichen nur eines Ziels sehr unbefriedigend sein.

Durchaus selbstsicher und ganz nach Instruktion aus dem vorangegangenen Kapitel haben sich die drei Personen darum bemüht, ihre Forderungen vorzutragen und durchzusetzen. Gehen wir davon aus, daß die Angestellten tatsächlich Überstunden leisten und das Wettbewerbsprojekt mitbearbeiten, daß es Herr Nett möglicherweise wirklich so regelt, daß seine Frau wie verabredet zu ihrer Freundin gehen kann und daß die Kinder von Herrn Mustermann zumindest an diesem Morgen ihren Zank unterbrechen und den Rest des Frühstücks wortlos zu sich nehmen. Kann in diesen Fällen davon die Rede sein, daß die drei Personen in den Situationen erfolgreich gehandelt haben? Würden Sie sie als sozial kompetent einschätzen? Wahrscheinlich eher nicht. In allen drei Beispielen setzen sich die Handelnden zwar durch. Die anderen verhalten sich ihren Forderungen entsprechend, aber es ist vorstellbar, daß sie verstimmt sind. Kommen ähnliche Situationen häufiger vor, wird ihr Unmut über ihren Vorgesetzten, über die Frau bzw. den Vater steigen. Konflikte in diesen Beziehungen sind vorprogrammiert.

Ist Erfolg gleich Erfolg?

Im vorangegangenen Kapitel wurde von Erfolg gesprochen, wenn eine Person in der Lage ist, sich mit ihren Forderungen durchzusetzen. Nun haben sich die Personen in unseren Beispielen ebenfalls durchgesetzt, und trotzdem sprechen wir diesmal nicht von Erfolg. Was heißt es denn nun, erfolgreich zu handeln?

> Ein Erfolg ist dann erzielt, wenn ich mein Ziel erreicht habe. Wird kurzfristig ein Ziel erreicht, damit aber auf längere Sicht ein anderes, wichtigeres mißachtet oder verfehlt, kann nicht von Erfolg gesprochen werden.

Zwei Ursachen für Mißerfolg in Beziehungssituationen

Sozial inkompetentes Verhalten in Beziehungssituationen heißt, sich zielunangemessen zu verhalten. Da in diesen Situationen zwei Ziele zugleich stehen, können zwei Ursachen für Mißerfolge in Beziehungssituationen angenommen werden.

Eigene Interessen mißachten

Aus einer falschen Bescheidenheit heraus oder aus Angst, die Beziehung unnötig zu belasten, werden die eigenen Forderungen, Wünsche und Bedürfnisse nicht deutlich formuliert, oder es wird ohne triftigen Grund gleich von ihnen Abstand genommen.

Wer keine Forderungen anmeldet, ist sozial ebenso inkompetent ...

Besonders häufig läßt sich diese Strategie bei Frauen beobachten. Durch ihre Sozialisation haben sie die Rollenerwartungen, die an sie gerichtet werden, so für sich übernommen, daß sie scheinbar von Natur aus rücksichtsvoll, zurückhaltend, bescheiden sind, sich mit weniger begnügen, daß sie sich zuerst nach den Wünschen ihrer Partner, Eltern, Kinder richten und erst dann nach ihren ureigensten Interessen und Bedürfnissen.

Die gesellschaftlich noch immer hochgeschätzte aufopfernde Mutter und Hausfrau entspricht diesem Bild. Sie ist perfekt als Gattin, bereitet ihrem Mann ein gemütliches Heim, achtet darauf, daß er sich voll und ganz seiner Arbeit und zum Ausgleich seinen Freizeitinteressen widmen kann. Als gute Mutter sorgt sie natürlich für das Wohlbefinden ihrer Kinder, für die sie rund um die Uhr da ist und auf deren Wünsche sie so gut wie nur möglich immer eingeht. Selbst wenn sie es schafft, sich irgendwann einmal nur um sich selbst zu kümmern, nutzt sie die Gelegenheit, ihren Körper zu trainieren, zu bräunen und auch sonst möglichst so attraktiv zu erhalten, daß ihr Mann mit ihr zufrieden bleibt. Immer jung, immer schön und vor allem immer schön bescheiden. Wenn sich eine Frau mit diesen Idealen in ihrer Rolle gut einrichtet und also zufrieden ist, mögen die Beziehungen zu ihren Kindern und zu ihrem Mann durchaus harmonisch und glücklich gedeihen.

Sehr oft aber gelingt das nicht. Nur sehr wenige Menschen können auf Dauer eigene Forderungen und Interessen, eigene Wünsche und Bedürfnisse hintanstellen, ohne dabei unzufrieden zu werden. Die Unzufriedenheit einer Mutter und Ehefrau mit ihrem eigenen Leben wirkt sich aber natürlich auch auf ihre Kinder und ihren Mann aus. So entsteht ein Teufelskreis, in dem sich allmählich die Beziehungen verschleißen, wenn kein Ausweg gefunden wird.

> Es ist also in der Regel einer Beziehung nicht dienlich, wenn eigene Interessen nicht artikuliert werden.

Beziehungsinteressen mißachten

... wie jemand, der sie als sein gutes Recht ansieht.

Nicht nur der Mensch verhält sich sozial inkompetent, der – vermeintlich zum Wohle der Beziehung – seine Forderungen unterdrückt und unausgesprochen läßt. Eine andere Variante sozial inkompetenten Verhaltens zeigt sich in den Beispielen auf S. 105. Hier sind die Personen durchaus in der Lage, ihre Forderungen zu artikulieren und durchzusetzen. Das Problem ist nur, daß diese Personen fälschlich davon ausgehen, ihre juristisch nicht legitimierten Forderungen seien tatsächliche Rechte. Ihr Ziel, diese vermeintlichen Rechte durchzusetzen, dominiert die Situation. Ihr eigentlich *auch* vorhandenes Ziel, die Beziehung zu wahren, gerät dabei völlig in den Hintergrund. Damit mißachten sie ihre eigenen Beziehungsinteressen. Sie handeln so, als befänden sie sich in der Situation *Recht durchsetzen*.

Viele Konflikte in Partnerschaften entstehen wahrscheinlich gerade dadurch, daß Situationen in Beziehungen, die man eigentlich bewahren möchte, so betrachtet werden, als ginge es darum, sein Recht durchzusetzen.

Nicht selten haben solche »Verwechslungen« etwas mit einem »Macht- bzw. Dominanzgefälle« oder sonstiger autoritärer Stärke zu tun.

Eltern verhalten sich häufig ...

Eltern glauben oft, sie müßten irgendwelche Forderungen ihren Kindern gegenüber durchsetzen, obwohl das nicht immer gerechtfertigt ist. Der Vater verlangt z.B. von seinen Kindern, daß sie ihren Trickfilm abschalten, weil er jetzt »seine« Sendung sehen möchte. Die Mutter setzt durch, daß die Kinder sofort ihr Zimmer aufräumen, obwohl auch später dazu Zeit gewesen wäre. Die Eltern verlangen von den Kindern ganz bestimmte Hausarbeiten, ohne sie überhaupt gefragt zu haben, was sie übernehmen möchten und was nicht.

... wie schlechte Vorgesetzte.

Ähnlich verhält es sich in dem Beispiel auf S. 105, wo der Chef von seinen Angestellten fordert, Überstunden zu leisten, wo er Arbeitsaufgaben überträgt, die nicht angemessen sind. Wohl mögen sich die Angestellten fügen, sie haben ohnehin oft keine andere Wahl. Aber dem Arbeitsklima und der Freude an der Arbeit selbst ist das eher abkömmlich.
Nachgewiesen ist zum Beispiel schon seit langem, daß eine der Folgen eines so provozierten schlechten Arbeitsklimas ein höherer Krankenstand der Belegschaft ist. Der Krankenstand ist also ein recht sicherer Gradmesser für die Güte der Beziehungen zwischen den Firmenangehörigen. Wenn ein Chef der Ansicht ist, er müsse und könne alle seine Forderungen und Interessen kraft seiner Stellung als vermeintliche Rechte durchsetzen, trägt er nicht unerheblich zu den Krankheitsausfällen seiner Mitarbeiter bei.
Natürlich gibt es auch entgegen dem eigentlichen Dominanzgefälle gerichtete Versuche, Forderungen mit Macht durchzudrücken. Ist beispielsweise ein Angestellter der Meinung, er könne mal wieder eine Gehaltserhöhung oder ein paar Tage Urlaub vertragen und versucht er, das in der Art und Weise des *Recht-Durchsetzens* bei seinem Chef einzufordern, mag er vielleicht Erfolg haben. Aber sein Verhalten ist im Grunde unangemessen und auf längere Zeit gesehen wohl kaum nützlich.

Machtansprüche bedrohen Partnerschaften und Freundschaften.

Doch auch in Partnerschaften und Freundschaften, in denen eigentlich Machtansprüche keinen Platz haben, sind solche Verwechslungen von Beziehungssituation und der Situation *Recht durchsetzen* zu beobachten. Bei Frau Nett aus unserem Beispiel auf S. 104/105 wird das deutlich. Sie glaubt, die Abmachung mit ihrem Mann bedeute, sie habe das Recht, auf deren Einhaltung zu beharren. Entsprechend verhält sie sich. Doch hat sie tatsächlich dieses Recht?

Unterschiedliche Bedürfnisse haben und sich doch verstehen

Jeder Mensch hat Hoffnungen, Wünsche, Träume, Bedürfnisse und Forderungen. Das ist unser gutes Recht, und es ist gut so. Jeder Mensch darf auch sagen, was er hofft, wünscht, träumt, möchte, braucht und fordert. Auch das ist unser gutes Recht, und auch das ist gut so.
In Partnerschaften merken wir aber nur allzu häufig, wie verschieden wir Menschen sind und wie verschieden das ist, was wir erstreben. Mitunter treffen dann Bedürfnisse und Interessen aufeinander, die einander vielleicht sogar ausschließen. Wenn wir akzeptieren, daß der andere genauso starke Bedürfnisse hat wie wir selbst, dann können wir auch akzeptieren, daß seine Bedürfnisse von unseren abweichen können. Sie sind deshalb nicht schlechter, nicht »falscher«, nicht unberechtigter als unsere eigenen. Sondern sie sind Teil unserer Beziehung.

Unausgesprochene Bedürfnisse belasten jede Beziehung.

Sie werden sich darum auch immer auf unsere Kontakte in irgendeiner Form auswirken. Es nützt also nichts, wenn einer der Partner seine Forderungen, seine Hoffnungen und Wünsche verschweigt oder anders zu verbergen sucht. Der andere wird merken, daß da etwas Unausgesprochenes ist. Solche unausgesprochenen Erwartungen belasten jede Beziehung. Sie rufen Enttäuschungen hervor, denn der andere kann – wenn er kein Hellseher ist – eigentlich kaum etwas richtig machen.

Wenn wir eine zufriedenstellende Beziehung anstreben, dann gehört es also dazu, daß wir sagen und zeigen, was wir wollen. Eigene Wünsche und Forderungen zu haben, ist das Recht jedes Menschen. Sie zu äußern ist nicht nur legitim, sondern die Grundlage für eine offene und ehrliche Partnerschaft.

> Aber: Es hat zwar jeder das Recht auf Wünsche und Forderungen, aber niemand hat das Recht, von dem anderen zu verlangen, daß er für die Erfüllung dieser Forderung sorgt.

Genau das ist der Knackpunkt in Beziehungssituationen. Vor jeder Auseinandersetzung sollte man sich an diesen Satz erinnern. Wenn man ihn akzeptiert, dann erübrigt es sich, Forderungen wie ein Recht durchsetzen zu wollen.

Ein Bedürfnis akzeptieren heißt nicht es erfüllen.

Was kann ich aber tun, wenn mein Partner etwas macht, was mich stört, wenn er etwas unterläßt, was er meines Erachtens unbedingt tun sollte? Ich habe Forderungen und bin berechtigt und sogar gemahnt, sie anzusprechen. Zugleich bin ich aber auch daran interessiert, mit meinem Partner auch weiterhin gute oder vielleicht noch bessere Beziehungen zu haben. Aus diesem Grund kann es nicht darum gehen, mich unbedingt durchzusetzen.

Nicht auf das Durchsetzen der Forderung kommt es an, …

Denn in Beziehungssituationen ist nicht die durchgesetzte Forderung das Kriterium für ein erfolgreiches Handeln. Hier kommt es darauf an, wie ich mich mit meinen Forderungen, Wünschen und Bedürfnissen meinem Partner gegenüber deutlich mache und wie ich zugleich in der Lage bin, seine Interessen zu verstehen.

… sondern auf das Durchsetzen der Forderung innerhalb dieser Beziehung.

Davon hängt ab, ob ich mein unmittelbares Ziel – meine Forderungen – mit meinem übergreifenden Ziel – die Beziehung zu wahren – in Übereinstimmung bringen kann oder nicht. Dabei ist es durchaus möglich, daß nicht alle Forderungen oder manche nicht in vollem Umfang erfüllt werden.

> Erfolg in solchen Situationen bedeutet, einen Konsens zu finden, mit dem Sie und Ihr Partner gut leben können.

Gefühle respektieren – auch die eigenen!

Wie kann ein solcher Konsens gefunden werden? Auf keinen Fall dadurch, daß ich auf meinem – vermeintlichen – Recht beharre. Ebenso unglücklich enden meistens die Versuche, den anderen mit irgendwelchen Normen oder dem »moralischen Zeigefinger« zu einer Einsicht bringen zu wollen. Solche Bemerkungen wie »*Das tut man nicht!*« oder »*Das gehört sich nicht!*« fordern geradezu eine sehr lange und sehr nutzlose Diskussion heraus. Die Argumentation mit irgendwelchen Normen ist ja auch nur ein Versuch, die eigenen Forderungen zu legitimieren.

Das Zauberwort: Sagen Sie, was Sie jetzt fühlen!

Die meisten Aussichten, sich mit seinen Wünschen und Forderungen verständlich machen zu können, bestehen dann, wenn ich dem anderen meine eigenen Gefühle mitteile. Gefühle zu äußern ist Ihr gutes Recht. Sie gehören nur Ihnen und können von niemandem bestritten werden. Sie sind sozusagen »Privatereignisse«. Wenn Sie wütend sind, sind Sie eben wütend. Darüber kann niemand mit Ihnen diskutieren. Auch nicht darüber, ob Sie nun in dieser Situation wütend sein dürfen, ob sich so etwas gehört oder nicht – Sie sind wütend und fertig. Und genau das können Sie Ihrem Partner mitteilen. Sie können versuchen, daß er Sie versteht, daß er nachvollziehen kann, warum Sie so fühlen. Geben Sie aber auch Ihrem Partner die Gelegenheit zu sagen, wie es ihm geht, was das Ereignis oder die Situation, die Sie so bewegt hat, für ihn emotional bedeutet.

Viel Schmerzliches beruht auf Mißverständnissen.

Sie werden feststellen, daß sich allein durch ein solches Gespräch schon einige Probleme lösen können. Manchmal ist das, was ein Partner tut oder unterläßt, für den anderen sehr schmerzlich, ohne das der »Täter« das weiß oder gar beabsichtigt. Manchmal bedeutet auch ein und dieselbe Sache für beide etwas ganz Verschiedenes. Solche Dinge werden erst deutlich, wenn man darüber spricht.

Wenn also Konflikte in Beziehungen auftreten, dann können sie nur dadurch gelöst werden, daß beide Partner die eigenen Gefühle und Bedürfnisse äußern, die Gefühle und Bedürfnisse des anderen verstehen und anschließend versuchen, einen Kompromiß zu finden.

Unterschiede zwischen Situationen vom Typ 1 und 2

Erfahrungsgemäß bietet im alltäglichen Zusammenleben von Partnern, Familien, Freunden, Bekannten und Kollegen die deutliche Trennung zwischen Situationen vom Typ *Recht durchsetzen* und *Beziehungssituationen* die größten Schwierigkeiten. Um die Unterschiede zwischen beiden nochmals zu verdeutlichen, sind ihre Merkmale und die geeigneten Verhaltensfertigkeiten in der Tabelle auf S. 114 gegenübergestellt.

Wie Sie sehen, bedeutet sozial kompetentes Verhalten in der einen Situation, daß Sie in der Lage sind, Ihr Recht durchzusetzen. In der anderen kommt es dagegen darauf an, eine Einigung zu erzielen, wobei die Einigung auch darin bestehen kann, daß Sie die Unterschiedlichkeit der Wünsche und Bedürfnisse akzeptieren.

Leicht gesagt: Sie müssen jeweils wissen, was Sie wollen.

Diese Unterschiede resultieren aus den verschiedenen Handlungszielen. Um diese verschiedenen Ziele in den verschiedenen Situationen erreichen zu können, sind deshalb auch unterschiedliche Verhaltensfertigkeiten gefragt.

Beim Durchsetzen Ihrer Rechte kommt es darauf an, sich nicht in Diskussionen einwickeln zu lassen und nur auf seinen Forderungen zu beharren. Im anderen Fall, der Beziehungssituation, ist es vor allem wichtig, daß Sie Ihre Ge-

	Situation *Recht durchsetzen*	*Beziehungssituation*
Ziele	Forderungen durchsetzen	Bedürfnisse äußern Beziehung bewahren oder verbessern
Verhalten	selbstsicher	selbstsicher
Fertigkeiten	Blickkontakt herstellen laut und deutlich reden sich nicht auf Diskussionen einlassen auf Forderung beharren	Blickkontakt herstellen laut und deutlich reden eigene Gefühle angemessen äußern die Gefühle und Bedürfnisse des Partners verstehen Kompromißfähigkeit
Erfolg	Recht durchgesetzt	Beziehung aufrechterhalten bzw. verbessert Einigung erzielt

fühle – positive wie negative – äußern, die Ihres Partners verstehen können und zusätzlich kompromißfähig sind.

Die Fähigkeiten in einem Bereich nützen Ihnen im anderen wenig.

Würde in der *Beziehungssituation* so gehandelt wie in der Situation *Recht durchsetzen*, wäre das genauso ungünstig, wie in der Situation *Recht durchsetzen* die Fertigkeiten aus der *Beziehungssituation* ins Spiel zu bringen. Es genügt darum auch nicht, nur über den einen Teil von Fertigkeiten zu verfügen, sich also beispielsweise nur durchsetzen zu können. In Beziehungssituationen werden Sie dann leicht an Grenzen stoßen und vielleicht mehr kaputtmachen als lösen.

Gedanken und Gefühle unterscheiden lernen

Die wichtigste Fähigkeit, in Beziehungen Konflikte lösen zu können, ist demnach, Gefühle äußern und verstehen zu können.

Unerläßlich: Zugang zu den eigenen Gefühlen.

Vielleicht erinnern Sie sich an unser Modell der sozialen Interaktion, das wir Ihnen im ersten Teil des Buches auf S. 19 vorgestellt haben. Vielleicht haben Sie auch im vorangegangenen Kapitel selbst das Modell auf S. 81 ausgefüllt. Bei dieser Übung ging es darum, sich deutlich zu machen, welchen Einfluß eine positive bzw. negative Selbstverbalisation für das Verhalten in einer Situation hat. Gleichzeitig wurde deutlich, daß die Gefühle sehr eng mit dieser Selbstverbalisation verbunden sind. Sie werden durch den Verstand, die Kognition, interpretiert. Für alles Verhalten, das wir zeigen, sind sie mitverantwortlich. Um sein eigenes Verhalten besser zu verstehen, vor allem aber, um es bewußt gestalten und verändern zu können, ist es darum wichtig, sich diese Gefühle zu verdeutlichen.

Leider sind wir fast alle Analphabeten der Gefühlsäußerung.

Wenn Sie die Übung zur Selbstverbalisation im vorausgehenden Kapitel durchgeführt haben, werden Sie vielleicht festgestellt haben, daß es oftmals gar nicht so leicht ist, Gedanken und Gefühle genau zu unterscheiden. Diese Schwierigkeiten sind nicht ungewöhnlich. Sie liegen vor allem daran, daß wir nicht besonders darin geübt sind, über unsere Gefühle zu reden. Wir sprechen im allgemeinen viel darüber, was wir denken, was wir glauben, was wir gesehen und gehört haben, aber mit welchen Emotionen das für uns verbunden ist, verschweigen wir meistens. Oftmals scheinen diese Emotionen auch zu vage oder lassen sich einfach nicht in die richtigen Worte fassen. Manchmal ist es aber auch so, daß wir ein starkes Gefühl spüren und glauben, es mit einem Wort benennen zu können, indem wir zum Beispiel sagen: »*Ich bin eifersüchtig*«.

Fühlen wir wirklich das, was wir als Gefühl benennen?

Aber ist Eifersucht wirklich *ein* Gefühl? Oder ist es nicht eher so, daß Eifersucht vieles sein kann: Neid, Mißtrauen, Angst, Wut und anderes mehr? Zwischen diesen eigentlichen Gefühlen liegen aber mitunter Welten. Das wird deutlich, wenn wir danach fragen, welches Verhalten durch die Gefühle geweckt wird. Sind wir mißtrauisch, werden wir wahrscheinlich versuchen, den anderen stärker zu beobachten und zu kontrollieren, sind wir hingegen wütend, dann können uns Beobachtung und Kontrolle ganz egal sein. Wahrscheinlich werden wir eher unserer Wut freien Lauf lassen oder versuchen, gegen sie anzukämpfen.

Verschiedene Emotionen haben also verschiedene Verhaltenskonsequenzen.

Ohne Zugang zu Ihrer eigenen Gefühlswelt können Sie nicht weiterkommen.

Nur wenn wir unsere Gefühle genau wahrnehmen können, können wir auch mit ihnen umgehen, und nur dann können wir uns entscheiden, wie wir angemessen reagieren. Haben wir das aber nicht gelernt, so tasten wir im Nebel.

Verschlüsselte Botschaften

Wir äußern nicht Gefühle, sondern vermeintlich sachlich Richtiges.

Können Sie Ihre Gefühle äußern? »*Was ist das für eine Frage? Natürlich kann ich das*!« werden Sie vielleicht denken. Doch überprüfen Sie einmal, ob Sie nicht doch oft Ihre Gefühle irgendwie »rational verkleiden«. Damit ist gemeint, daß das, was uns tatsächlich emotional bewegt, anders mitgeteilt wird: nicht emotional, sondern rational. Das Gefühl wird dabei nur indirekt ausgedrückt, als sachliche Mitteilung. Wir sagen z.B. beim Spaziergang: »*Es ist kalt geworden*«, während wir eigentlich meinen: »*Ich friere und möchte umkehren.*« Damit senden wir verschlüsselte Botschaften und vertrauen darauf, daß der andere sie verstehen wird. Umgekehrt glauben wir, aus den Äußerungen von anderen herauslesen zu können, welches Gefühl mit dem verbunden ist, was sie sagen. Sehen wir uns dafür ein Beispiel an:

> Ein Mann sagt zu seiner Frau: *»Du hast schon wieder vergessen, meinen Anzug aus der Reinigung zu holen!«*

Welches Gefühl drückt dieser Mann in seinem Satz aus? Es sind verschiedene Gründe denkbar, warum er seiner Frau gegenüber diese Äußerung macht.

- Er ist ärgerlich.
- Er ist betrübt.
- Er ist schadenfroh.

Wie wollen Sie wissen, was im anderen vorgeht?

Vielleicht fallen Ihnen selbst noch andere Möglichkeiten ein. Der eine Satz, den der Mann sagt, kann also im Grunde mehrere verschiedene Dinge bedeuten:

- Ich ärgere mich darüber, daß du nicht wie abgesprochen den Anzug aus der Reinigung geholt hast. Was soll ich denn nun heute abend anziehen?
- Ich finde es schade, daß du vergessen hast, den Anzug zu holen. Ich hätte ihn gern heute abend angezogen.
- Ich habe doch gleich gewußt, daß du es vergessen wirst. Siehst du nun endlich, daß ich mich nicht auf dich verlassen kann?

Wie seine Frau den einen Satz versteht, ist sicher von vielen Umständen abhängig. Es kommt darauf an, wie ihr Mann in ähnlichen Situationen sonst reagiert, welchen Gesichtsausdruck er hat, wie er den Satz ausspricht usw. Je nachdem wird sie seine Botschaft entschlüsseln. Und danach richtet sich auch, wie sie sich verhalten wird.

Wie vermeidet man Mißverständnisse?

Dabei kann es aber durchaus passieren, daß sie ihren Mann falsch interpretiert. Sie kann zum Beispiel annehmen, er sei schadenfroh. Das wird sie wütend machen, und sie wird sehr gereizt »zurückschießen«. Was aber, wenn er es gar nicht so gemeint hat, wenn er es vielleicht wirklich nur schade findet, seinen Lieblingsanzug heute abend nicht anziehen zu können? Die gereizte Reaktion seiner Frau wird ihn bestenfalls irritieren. Sie kann ihn aber auch selbst wütend machen. Auf diese Weise kann sich ein einfaches Mißverständnis zu einem großen Streit auswachsen, der völlig umsonst ist und nur Verdruß bereitet.

Erste Übung: Gefühle äußern

Um solche Mißverständnisse zu vermeiden, ist es besonders in Beziehungssituationen wichtig, Gefühle möglichst eindeutig zu äußern und die »verschlüsselten Botschaften« des Partners richtig zu verstehen.

Männerrolle – Frauenrolle

Erfahrungsgemäß fällt es Männern in der Regel viel schwerer als Frauen, eigene Gefühle zum Ausdruck zu bringen. Es gehört zur Männerrolle, »rational« zu sein, was leider oft die Folge hat, daß Männer gar nicht mehr in der Lage sind, eigene Gefühle auch nur wahrzunehmen. Wenn Sie also männlichen Geschlechts sind, sollten Sie sich mit der folgenden Übung besonders gründlich befassen.

Eine Übung, die Männer besonders viel angeht.

Die folgenden Übung wird dazu beitragen, daß Sie eigene Gefühle leichter äußern und die verschlüsselten Botschaften des Partners besser verstehen können. Sie finden in dem nächsten Kästchen insgesamt fünf Äußerungen von verschiedenen Personen in verschiedenen Situationen. Hinter allen diesen Äußerungen »verstecken« sich Gefühle. Ihre Aufgabe ist, diese Gefühle zu entschlüsseln. Lesen Sie sich also durch, was die Personen sagen, und tragen Sie in der mittleren Spalte ein, welche Gefühle den Worten zugrundeliegen, aber unausgesprochen geblieben sind.
Achten Sie dabei darauf, ob die Gefühle, die Sie zu erkennen meinen, auch wirklich *Gefühle* im eigentlichen Sinn des Wortes oder aber *Interpretationen* sind. »*Ich habe das Gefühl, du bist zu streng*« ist kein Gefühl, sondern eine solche

Interpretation. Versuchen Sie also, so eindeutig wie möglich zu sein, und bemühen Sie sich darum, für die verschiedenen Äußerungen verschiedene angemessene Gefühle herauszufinden.

Vielleicht brauchen Sie mehr Zeit zum Training?

Wenn Sie merken, daß Ihnen diese Aufgabe einige Schwierigkeiten bereitet, lassen Sie sich nicht entmutigen! Sie können versuchen, sich selbst Hilfestellung zu geben, indem Sie beispielsweise fragen: »*Was hätte ich für ein Gefühl, wenn ich zu meinem Sohn (zu meiner Freundin, zu mir selbst ...) sagen würde*: ...« Und wenn Sie glauben, bei einem solchen Satz überhaupt kein Gefühl zu haben, dann fragen Sie sich einfach, warum Sie dann überhaupt etwas gesagt haben.

Äußerung	Gefühl	Neu formulierte Äußerung
Mutter zu ihrem Sohn, nachdem dieser seine Hausaufgaben schnell und korrekt erledigt hat: »*Du bist aber wirklich lieb.*«		
Frau zu ihrer Freundin: »*In letzter Zeit läßt du dich ja überhaupt nicht mehr bei mir sehen!*«		
Mann zu Arbeitskollegen: »*Bei soviel Schwierigkeiten könnte man wirklich resignieren und alles hinschmeißen!*«		
Frau zu ihrem Mann, nachdem dieser ohne Vorankündigung erst spät in der Nacht nach Hause kommt: »*Wo warst du denn bloß die ganze Zeit?*«		
Ein Vater schimpft mit seinem Sohn. Die Mutter sagt daraufhin: »*Findest du nicht, daß man mit Peter etwas verständnisvoller umgehen müßte?*«		

Haben Sie fünf verschiedene Gefühle herausgefunden? Wenn ja, dann haben Sie die Aufgabe glänzend erfüllt. Nun dürfte es Ihnen keinerlei Schwierigkeiten bereiten, die Aussagen in der ersten Spalte so umzuformulieren, daß die enthaltenen Gefühle auch wirklich angesprochen werden. Für das erste Beispiel könnte eine solche Formulierung so lauten: »*Ich freue mich, daß* ...« oder »*Ich bin stolz auf dich, weil* ...«. Vermeiden Sie solche Sätze wie »*Das hast du prima hingekriegt*«, wenn nicht mindestens ein Nachsatz kommt, in dem Sie Ihr Gefühl ansprechen.
Mit dieser Übung haben Sie zwei Dinge trainiert, die für Beziehungssituationen sehr wichtig sind: Sie haben Gefühle aus den Äußerungen anderer Personen entschlüsselt, und Sie haben ausprobiert, selbst Gefühle direkt zum Ausdruck zu bringen.

Kaum jemand kann seine Gefühle direkt ausdrücken.

Achten Sie in der nächsten Zeit einmal genauer darauf, wie Personen, die Sie kennen, ihre Gefühle ausdrücken. Sie werden erleben, daß sie so ähnliche Formulierungen benutzen wie in dieser Übung. Wenn Sie beim nächsten Mal solchen verschlüsselten Botschaften begegnen, dann fragen Sie doch bei Ihrem Partner einfach nach, welches Gefühl er ausdrücken möchte. Versuchen Sie vor allem selbst, Ihre Gefühle direkt anzusprechen.
Wenn Sie es gut beherrschen, aus den Äußerungen von anderen Menschen deren Gefühle herauszulesen und selbst Ihre Gefühle mitzuteilen, verfügen Sie über wichtige Grundlagen für sozial kompetentes Verhalten in Beziehungssituationen. Üben Sie aber immer weiter. Je sicherer Sie darin sind, Ihre eigenen Gefühle zu erkennen, um so besser wird es Ihnen gelingen, sich mit ihnen zu verständigen.

Auch hier: Übung macht den Meister.

Mit den folgenden Übungen können Sie sich noch weiter darin trainieren, Gefühle zu benennen und in den Äußerungen anderer Personen zu erkennen. Sie werden sehen, daß es von Mal zu Mal besser klappt und daß Sie darüber hinaus lernen, Ihre Gefühle immer besser zu erkennen und zu unterscheiden.

Zweite Übung: Tagebuch

Schreiben Sie ein Tagebuch Ihrer Gefühle!

Haben Sie bereits ein Tagebuch für die Übungen in der Situation *Recht durchsetzen* angelegt? Dann übertragen Sie doch die Tabelle auf S. 94 in dieses Tagebuch. Schreiben Sie an jedem Abend der folgenden Woche ein Gefühl auf, das Sie an dem betreffenden Tag gehabt haben. Bei dieser Übung ist es wichtig, daß Sie angenehme und unangenehme und nach und nach gerade auch die »kleinen«, alltäglichen Gefühle benennen. Schreiben Sie zusätzlich auf, durch welches konkrete Erlebnis das Gefühl ausgelöst wurde und mit welchen Selbstverbalisationen es verbunden war.

Tag	Gefühl	Auslösendes Ereignis	Selbstverbalisation

Dritte Übung: Familienübung

Sie lernen Ihre eigenen Gefühle ...

Sie können in diese Übung auch Ihre ganze Familie einbeziehen. Probieren Sie, ob Ihre Familie an folgendem Spiel Gefallen findet. Wir nennen es »Das Schönste und das Blödeste«. Die Regeln sind denkbar einfach. Jedes Familienmitglied sagt den anderen, was ihm am heutigen Tag am besten gefallen hat, was am wenigsten und was es in diesen Situationen gefühlt hat. Über das, was jeder sagt, darf nicht diskutiert werden, aber Nachfragen ist möglich. Das Spiel eignet sich für Kinder vom Vorschulalter an.

... und die Ihrer Familie besser kennen.

Zuerst einmal regt das Spiel dazu an, den Tag noch einmal zu überdenken. Viele kleinere Episoden, die sonst vergessen worden wären, kommen plötzlich wieder in Erinnerung, denn es kommt ja gerade darauf an, das »Schönste und Blödeste« und nicht irgend etwas zu erzählen. Jeder macht also innerlich eine Art Rangreihe von mehreren Erlebnissen. Diese Rangreihe richtet sich sehr stark danach aus, welches Erlebnis die intensivsten Gefühle hervorgerufen hat. Es werden also nicht nur einzelne Situationen in ihrem Ablauf erinnert, sondern auch das, was diese Geschehnisse emotional bedeuteten. Die direkte Nachfrage nach den Gefühlen veranlaßt dazu, sie auch in Worte zu fassen.

Neben dem Übungseffekt für Sie selber können vor allem Ihre Kinder aus diesem Spiel großen Nutzen ziehen. Sie lernen, welche Worte es überhaupt für Gefühle gibt, welche Nuancen man mit welchen Begriffen verständlich machen kann. Sie können sich dadurch besser mitteilen. Gleichzeitig wirkt sich der größere Wortschatz natürlich auch darauf aus, daß sie immer besser verstehen, was in ihnen selbst vorgeht. Sie können mit den Begriffen, die sie gelernt haben, ihre Emotionen besser »greifen«.
Nicht zu unterschätzen ist auch der zweite Effekt dieses Spieles. Sie werden erleben, daß Sie auf diese Weise sehr viel mehr über die Erlebniswelt Ihrer Kinder erfahren – eine Welt, in die wir Erwachsenen oftmals weniger Einblick ha-

ben, als wir annehmen. Zugleich erfahren die Kinder vieles von der Erfahrungswelt der Erwachsenen, davon, was ihnen Kummer bereitet, was sie freut, was sie stolz oder traurig macht. Diese Welt, auch wenn sie so sehr das Leben der Kinder bestimmt, ist ihnen sonst weitgehend unbekannt und verschlossen.

Kinder fordern von Ihnen besonderes Feingefühl.

Wenn Sie dieses Spiel mit Ihren Kindern spielen wollen, dann erfordert das von Ihnen sehr viel Selbstkontrolle. Für Sie als Erwachsenen und als Elternteil gibt es darum weitere Regeln:

- Versuchen Sie nie, in Ihre Kinder »einzudringen«! Niemand *muß* mitspielen. Es ist auch niemand verpflichtet, alles zu erzählen.
- Achten Sie darauf, daß Sie Ihre Kinder mit Ihren Sorgen, Nöten und Ängsten nicht zu stark belasten! Das heißt nicht, daß Sie von solchen Gefühlen und Erlebnissen nichts erzählen sollten. Im Gegenteil: Ihre Kinder bemerken sowieso, wie es Ihnen geht, und würden darum eher an Ihrer Ehrlichkeit zweifeln oder aus Unsicherheit heraus übermäßige Ängste entwickeln. Aber wenn Sie von negativen Gefühlen oder schlechten Erfahrungen reden, dann vermitteln Sie Ihren Kindern immer das Gefühl, daß das normale Dinge im Leben sind und daß Sie stark und willens sind, diese zeitweiligen Schwierigkeiten zu lösen. Auf diese Sicherheit sind vor allem kleinere Kinder stark angewiesen.

Machen Sie dieses Spiel zu einer Familien-Institution!

Am besten ist es, wenn Sie diesem Spiel einen festen Platz in Ihrem Tagesablauf einräumen. Es sollte der Zeitpunkt sein, zu dem in der Regel alle zusammen sind und etwas Zeit füreinander haben, beispielsweise, wenn Sie Ihre Kinder ins Bett bringen. Wenn Ihre Kinder Vergnügen an diesem Spiel finden, dann werden Sie sehen, daß es zu einem richtigen Ritual werden kann, ohne das sie den Tag nicht mehr abschließen möchten.

Instruktionen für selbstsicheres Verhalten

Alle Übungen, die wir Ihnen bis jetzt vorgeschlagen haben, verhelfen Ihnen zur Verbesserung Ihrer Grundfähigkeit, in Beziehungssituationen Konflikte zu lösen. Wir können nun, ähnlich wie bei Situationen vom Typ *Rechte durchsetzen* (S. 85/86), Instruktionen formulieren, an denen Sie sich vor, während und nach der Beziehungssituation orientieren können.

Was bedeutet Selbstbewußtsein in einer Beziehungssituation?

Diese Instruktionen sind natürlich anders als die, die Sie bereits kennen. Denn das Wichtigste ist hier ja, sich Klarheit über seine eigenen Gefühle zu verschaffen, diese Gefühle mitzuteilen und aufmerksam zu sein für das, was Ihnen Ihr Partner sagt. Selbstbewußtsein heißt in diesem Zusammenhang, daß Sie in der Lage sind, ohne Scheu und ohne Aggressivität mit Ihrem Partner ins Gespräch zu kommen über das, was Sie innerlich belastet, und offen zu sein für mögliche andere Ansichten Ihres Partners.

Welches Ergebnis ist hier zu erreichen?

Am Ende eines solchen Gespräches sollte zumindest das folgende Ergebnis stehen:
Sie haben es verstanden, sich so mitzuteilen, daß es vom anderen angenommen werden kann, und Sie haben Ihrerseits die Gedanken und Gefühle des anderen verstanden und können sie nachvollziehen.

Möglicherweise schaffen Sie es, sich auf einen Kompromiß zu einigen, möglicherweise müssen Sie aber auch einsehen, daß nicht immer über alles eine Einigung möglich ist. Aber gegenseitiges Verständnis macht es leichter, auch Gegensätzliches in einer Beziehung auszuhalten.

Vor der Situation:

- Machen Sie sich bewußt, was Ihr Gefühl ist (Ärger, Freude etc.).
- Überlegen Sie, welches konkrete Ereignis dieses Gefühl ausgelöst hat.
- Geben Sie sich positive Selbstinstruktionen, etwa: *»Ich habe ein Recht auf meine Gefühle.«*

In der Situation:

- Bleiben Sie ganz bei Ihren Gefühlen und kommen Sie gegebenenfalls immer wieder auf Ihre Gefühle zurück. Ihre Gefühle gehören Ihnen und können von niemandem bestritten werden.
- Sprechen Sie Ihre Gefühle direkt an. Sagen Sie: *»Ich bin jetzt ...«* oder *»Ich ... mich jetzt.«*
- Haben Sie Ihr Gefühl zum Ausdruck gebracht, erläutern Sie den Anlaß. Vermeiden Sie dabei alle Verallgemeinerungen. Sagen Sie statt: *»Du hast schon wieder ...«*, *»Du bist immer ...«* lieber: *»Du hast heute ...«*! Beschreiben Sie also nur das konkrete Ereignis und bedenken Sie, daß Sie nur Ihre eigene Sichtweise beschreiben können.
- Versuchen Sie, die Gefühle des anderen zu verstehen. Hören Sie ihm wirklich zu. Fragen Sie nach, wenn Sie etwas nicht verstehen. Sie geben sich keine Blöße, wenn Sie Verständnis für den anderen aufbringen. Sie haben ein Recht auf Ihre Gefühle, der andere hat aber auch ein Recht auf seine Gefühle.
- Wenn Ihr Partner einlenkt, bringen Sie Ihre Freude darüber zum Ausdruck. Es ist kein Zeichen von Selbstsicherheit, ein Einlenken des anderen als Schwäche zu deuten und für einen Angriff zu nutzen.

- Äußern Sie ruhig auch Ihre Wünsche und Bedürfnisse, wie Ihr Partner sich in Zukunft in einer bestimmten Situation verhalten soll. Teilen Sie mit: *»Ich würde mir wünschen, daß ...«* oder *»... mich freuen, wenn ...«*. Achtung: Sie haben ein Recht, Ihre Wünsche zu äußern, aber kein Recht auf die Erfüllung dieser Wünsche.

- Zeigen Sie auch positive Gefühle wie Freude, Zufriedenheit usw., wenn Sie sie empfinden.

Nach der Situation:

- Verstärken Sie sich für jede einzelne Gefühlsäußerung, die Sie gebracht haben. Der Erfolg besteht nicht darin, daß Ihr Partner alle Forderungen erfüllt, sondern darin, daß Sie Ihre Gefühle und Wünsche zum Ausdruck gebracht haben.

- Bedenken Sie, daß Partner häufig sehr unterschiedliche Gefühle haben. Das Ziel eines Gesprächs kann nicht sein, sich auf ein Gefühl zu einigen. Sie können sich aber darüber verständigen, wie Sie mit diesen unterschiedlichen Gefühlen umgehen wollen.

Vierte Übung: Situationen meistern

Konfliktlösung – ein Trainingsprogramm?

Auch die Fähigkeiten, Konflikte nach Art der Beziehungssituation zu lösen, kann nur durch ständiges Üben verbessert und gefestigt werden. Als es im vorangegangen Kapitel darum ging, sich in der Situation *Recht durchsetzen* zu üben, haben wir Sie dazu aufgefordert, nicht etwa auf solche Situationen zu warten. Allerdings könnten wir Ihnen nun nicht ehrlichen Herzens raten, Konflikte zu provozieren, damit Sie sich trainieren. Hier steht die Sache etwas anders.

Um Konflikte in Beziehungssituationen zu lösen, ist es wichtig, den richtigen Zeitpunkt abzupassen.

Ein Beispiel:

Nehmen wir an, Ihr Partner will gerade zur Arbeit gehen. Er hat es eilig, weil er wieder einmal zu spät dran ist. In der Wohnung herrscht die übliche Unordnung, die er mit seinen Kleidungssachen hinterläßt. Sie sehen das, und es ärgert Sie. Was können Sie tun?

Konflikte angehen, wenn der Zeitpunkt günstig ist!

In dieser Situation können Sie auf keinen Fall irgendetwas lösen. Ihr Partner wird kein Ohr für Ihre Befindlichkeiten haben, denn die Zeit drängt. Er muß eiligst losgehen, um überhaupt noch pünktlich zur Arbeit zu kommen. Jetzt ein Gespräch über unterschiedliche Vorstellungen von Ordnung zu beginnen hat wenig Zweck. Allein der Versuch wird Ihnen schon Verdruß bringen.

Wartezeiten zur inneren Klärung nutzen!

Warten Sie darum lieber, bis Sie beide am Abend Zeit haben, über diese Sache zu reden. Nutzen Sie bis dahin die Gelegenheit, sich darüber klar zu werden, was Sie am meisten ärgert. Ist es die Unordnung an sich oder ist es eher die Tatsache, daß Sie die Unordnung beseitigen sollen? Wenn Sie sich mehr über das Wegräumen als über die Unordnung selbst ärgern, dann lassen Sie doch die Sachen einfach mal liegen.

Was Sie tun und was Sie meiden sollten.

Später, wenn Sie Zeit haben, mit Ihrem Partner zu reden, versuchen Sie, ihm deutlich zu machen, welche Gefühle es bei Ihnen auslöst, daß er nicht aufräumt – und welche ausgelöst würden, wenn er aufräumte. Vermeiden Sie auf jeden Fall, ihn anzuklagen. Beschimpfungen und Anklagen sind wahre »Beziehungskiller«. Verwenden Sie statt dessen so

oft wie möglich das Wörtchen »Ich« – und sehen Sie Ihren Partner an, wenn Sie mit ihm reden!
Wahrscheinlich fallen Ihnen, wenn Sie an Ihre Beziehungen zu Freunden, Eltern, Kindern oder Partnern denken, einige Dinge ein, die Sie stören und die Sie deshalb gern ändern möchten. Wenn Sie sich zutrauen, diese Dinge anzusprechen und die Gespräche nach der Instruktion gestalten zu können, dann raten wir Ihnen natürlich zu, das auch zu tun. Sollten Sie sich jedoch vorher noch etwas üben wollen, dann bieten wir Ihnen folgende Beispiele an.
Sie finden in den nächsten Kästchen einige Situationsschilderungen. Versuchen Sie, sich in diese Situationen hineinzuversetzen. Überlegen Sie dann, wie Sie das Gespräch mit dem jeweiligen Partner gestalten würden. Unter jedem Kästchen finden Sie einige Hinweise, die Sie nutzen können, wenn Sie sich nicht ganz sicher sind.

Erster Test: Um einen Gefallen bitten

1) Sie bitten einen guten Bekannten, Ihnen beim Umzug oder bei der Wohnungseinrichtung zu helfen. Das wird einen ganzen Samstagnachmittag in Anspruch nehmen. Sie haben ihm früher auch einmal geholfen.
2) Sie steigen in einen vollbesetzten Bus. Da Sie sich nicht wohl fühlen, d. h. Kopfweh, Grippe, Schwindelgefühle oder Bauchweh haben, bitten Sie einen der Fahrgäste höflich, Ihnen seinen Sitzplatz zur Verfügung zu stellen.

Und wenn der andere einfach »Nein« sagt?

In diesen Situationen geht es darum, eine andere Person – sei es ein Bekannter oder ein Fremder – um einen Gefallen zu bitten. Bedenken Sie, daß Sie zwar das Recht haben, eine Bitte zu äußern, daß aber der andere sie nicht erfüllen muß. Es kann durchaus passieren, daß der andere Ihnen den Gefallen entweder nicht tun kann oder nicht tun will.

Schauen Sie auf jeden Fall den anderen an, wenn Sie mit ihm sprechen. Äußern Sie Ihre Bitte und begründen Sie sie danach, aber entschuldigen Sie sich nicht dafür, daß Sie diese Bitte haben. Wenn der andere einwilligt, vergessen Sie nicht, sich zu bedanken.

Zweiter Test: Etwas fordern

3) In Ihrer Familie fällt Arbeit an. Sie haben bereits den Ihnen zustehenden Teil übernommen. Ihr Sohn hat sich bis jetzt gedrückt. Sie bitten ihn, ebenfalls Arbeit zu übernehmen.
4) Ein guter Freund hat seit längerer Zeit Geld von Ihnen geliehen und es Ihnen aus Gleichgültigkeit noch nicht zurückgegeben, obwohl Sie ihn schon einmal darauf angesprochen haben. Sie benötigen das Geld und verlangen es zurück, obwohl Ihr Freund sich herauszuwinden versucht.

Hier ist die doppelte Zielsetzung besonders spürbar.

Diese beiden Situationen sind ähnlich wie die ersten beiden, nur geht es hier nicht darum, jemanden um einen Gefallen zu bitten, sondern von jemandem etwas zu fordern. Doch auch hier gilt zuallererst: Seien Sie höflich, sagen Sie, was Sie wollen, und schauen Sie dabei den anderen an. Auch wenn Sie berechtigte Forderungen haben und auch wenn sich die andere Person in Ihren Augen gemein oder unverschämt verhält, müssen Sie nicht aggressiv werden! Wichtig ist in beiden Beispielen, daß Sie sagen, wie Sie sich durch das Verhalten des anderen fühlen.

Beschreiben Sie also beispielsweise in der vierten Situation Ihr Gefühl des Ausgebeutetseins. Machen Sie zugleich deutlich, daß Ihnen viel an der Freundschaft liegt, daß aber auch Ihr Freund dafür etwas tun müsse. In der dritten Situation können Sie zum Ausdruck bringen, daß Sie es unfair finden und sich sehr ärgern, wenn der Sohn nicht seinen Anteil übernimmt. Zeigen Sie ihm, daß unkooperatives Verhalten

Wesentlich auch hier: Sagen Sie, was Sie fühlen!

das Familienleben belastet. Benutzen Sie in beiden Situationen so oft wie möglich das Wort »Ich« und vermeiden Sie das Wort »Man«, wenn Sie Ihre Gefühle beschreiben.
Gerade im vierten Beispiel wird deutlich, wie wichtig es ist, sich vor einer Auseinandersetzung seiner Ziele bewußt zu sein. Sie könnten nämlich auch, wenn Sie des unzuverlässigen Freundes überdrüssig wären, ganz nach der Situation *Recht durchsetzen* auf Ihrer Geldforderung bestehen, ohne dabei noch irgend etwas zu erklären. Da Sie aber augenscheinlich in diesem Fall Wert auf die Freundschaft legen, empfiehlt es sich nicht, sich so zu verhalten. Nützlicher ist hier, daß Sie sagen, was Sie empfinden und was Sie von der Freundschaft erwarten.

Dritter Test: Um Verständnis bitten

5) Sie haben mit Ihrem Partner einen ziemlich heftigen Streit gehabt. Hinterher sehen Sie ein, daß Sie selbst doch die meiste Schuld daran hatten, und möchten gern einlenken.
6) Sie bitten Ihren Partner um Verständnis, daß Sie an diesem Abend schlechte Laune haben und abgespannt sind und deshalb am liebsten nichts reden möchten. Ihnen ist klar, daß Sie zu Gereiztheit und übersensiblen Reaktionen neigen.

Diesen Test bestehen viele nicht auf Anhieb.

Sich versöhnen können ist in jeder Beziehung wichtig. Es läßt sich nun mal nicht vermeiden, daß man Fehler macht, daß man einfach einmal schlecht drauf ist und den Partner nicht so sorgsam behandelt, wie man es eigentlich möchte. Wenn solche Ausrutscher nicht zur Gewohnheit werden, ist das im Prinzip auch nicht schlimm. Aber Sie sollten in der Lage sein, sich zu entschuldigen und die Gewitterwolken zu vertreiben. Dazu gehört, daß Sie Ihrem Partner erklären, was mit Ihnen los war.

Wir sind keine Engel, und niemand erwartet, daß wir es sind.

Teilen Sie also Ihrem Partner Ihre eigenen Gefühle mit und versuchen Sie, auch Ihren Partner wirklich zu verstehen. Verzichten Sie auf jeden Fall darauf, sich selbst anzuklagen. Dafür gibt es keinen vernünftigen Anlaß. Ihr Verhalten hatte schließlich seine Gründe, und wenn es einfach nur eine schlechte Laune war. Versuchen Sie lieber, sich so darzustellen, daß Ihr Partner Ihr Verhalten verstehen kann.

Ein geordneter Rückzug ist mitunter die beste Taktik.

Manchmal ist es besser, sich selbst bei schlechter Laune nicht auch noch anderen Leuten auszusetzen. Wenn Sie also merken, daß Sie lieber allein sein wollen, weil das Ihnen und wahrscheinlich auch Ihrem Partner am besten bekommt, dann sagen Sie das. Sie müssen sich dafür nicht entschuldigen. Aber bemühen Sie sich darum, daß Ihr Partner auch wirklich den Grund dafür versteht, daß Sie sich zurückziehen wollen. Wenn Sie in der Lage sind, Ihren Gefühlszustand zu beschreiben und zu erklären, wird er Sie verstehen können. Bitten Sie ihn also um Verständnis. Seien Sie aber auch trotz Ihrer schlechten Laune oder Abgespanntheit verständnisvoll für Ihren Partner.

Vierter Test: Kritik äußern

7) Sie und Ihr Partner wollen zusammen ins Kino gehen. Ihr Partner wird und wird nicht fertig. Sie haben diese Situation schon häufig erlebt und teilen Ihren Ärger mit.
8) Bei einem gemeinsamen Essen mit Bekannten hat Ihr Partner einige für Sie sehr verletzende Äußerungen gemacht. Nachdem die Bekannten gegangen sind, sprechen Sie das an.

Vermeiden Sie, daß Ihre Wut sich staut!

Beide Bespiele sind sich insofern ähnlich, als Sie hier Kritik an Ihrem Partner üben. Im ersten Fall ärgert es Sie, daß Ihr Partner trödelt. Sie selbst stehen vielleicht schon lange im Flur, Sie wollen endlich losgehen. Zu einem schönen Kino-

abend gehört für Sie wahrscheinlich, daß Sie entspannt dort ankommen und in aller Ruhe noch etwas essen oder trinken können.
Versuchen Sie vor allem, Ihre eigenen Gefühle auszudrücken. Benutzen Sie dabei das Wort »Ich«. Vermeiden Sie globale Beschuldigungen (*»Du bist immer …«*, *»Du hast mal wieder …«*)
Bleiben Sie nur bei Ihren Gefühlen und vermeiden Sie globale Beschuldigungen

Fünfter Test: Entscheidungen mitteilen

9) Sie erklären Ihrem Partner (Ihren Eltern, Ihrer Wohngemeinschaft), daß Sie ausziehen und nun allein leben möchten.

Diese Situation ist in der Tat sehr heikel. Ein Auszug aus einer Familie, einer Lebens- oder Wohngemeinschaft hat oft zur Folge, daß sich die Beziehungen zwischen den Personen ändern. Im Prinzip gibt es zwei Möglichkeiten, warum jemand auszieht. Entweder er setzt einen Schlußstrich unter eine Beziehung, oder er möchte nur sich selbst verändern, ohne die Beziehung aufzugeben.

Nicht immer mit dem Schlimmsten rechnen!

Selbst wenn Sie die erste Möglichkeit in Betracht ziehen, ist es ratsam, die Mitteilung an den Partner als Beziehungssituation zu betrachten. Versuchen Sie also, nur die Situation und Ihre Gefühle als Begründung heranzuziehen, und bemühen Sie sich, ohne Beschuldigungen auszukommen.

Zusammenfassung: Behalten Sie Ihre wahren Ziele im Auge!

In jeder Beziehung hat sich im Laufe der Zeit eine »Streitkultur« herausgebildet, eine Art Regelwerk, wie die Partner im Konfliktfall miteinander umgehen. Diese Regeln können durchaus destruktiv sein und mehr Probleme schaffen als lösen. Oft liegt die Ursache darin, daß ein Partner meint (oder beide Partner meinen), man könne Bedürfnisse und Forderungen wie ein Recht durchsetzen. In solchen Fällen werden die Forderungen meist mit irgendwelchen Normen begründet. Dies führt zu langen und fruchtlosen Diskussionen über die Richtigkeit und Begründetheit von Normen – aber zu keiner für beide Seiten befriedigenden Lösung. Selbst wenn die eigene Forderung durchgesetzt wird, der Partner also nachgibt, ist das zwar kurzfristig ein »Erfolg«, langfristig wird die Beziehung aber unter solchen Ereignissen leiden.

Sobald Ihnen ein Konflikt bewußt wird, sollten Sie daher versuchen, ihn dadurch einer Lösung näherzubringen, daß Sie Ihre eigenen Gefühle möglichst deutlich zum Ausdruck bringen. Auf diese Weise kann Ihr Partner verstehen, welche Konsequenzen sein Verhalten für Sie hat, und vielleicht selbst Lösungsvorschläge machen.

Gleichzeitig sollten Sie aber versuchen, die Bedürfnisse und Beweggründe Ihres Partners möglichst gut zu verstehen. Sie müssen also auch gut zuhören.

Es gibt keine objektive Lösung – nur eine, die beiden Partnern ganz subjektiv zusagt.

Schaffen es beide Partner, ihre Wünsche und Bedürfnisse auf diese Weise zum Ausdruck zu bringen und hören beide wirklich gut zu, findet sich oft ganz von allein eine Lösung, die für beide befriedigend ist.

Mehr noch als in Situationen vom Typ *Recht durchsetzen* ist der »Erfolg« in *Beziehungssituationen* auch vom Partner abhängig, zumindest dann, wenn man die Durchsetzung eigener Bedürfnisse als Erfolgskriterium nimmt. Im Prinzip

Probleme lassen sich nicht verbessern, aber die Kommunikation zwischen den Partnern.

hat hier jeder die gleichen Rechte, jeder hat ein Recht auf seine eigenen Gefühle, Bedürfnisse, Wünsche und Forderungen. Keiner hat jedoch das Recht auf die Erfüllung seiner Forderungen. Wird dies akzeptiert, ist auch klar, daß in einer Partnerschaft nicht alle Differenzen ausgeräumt und nicht alle Konflikte gelöst werden können. Je mehr sich die beiden Partner aber einander mitteilen und je besser sie die Gefühle und Bedürfnisse des anderen verstehen, desto eher können Unterschiedlichkeiten in den Bedürfnissen und Empfindungen akzeptiert werden und desto stabiler und für beide befriedigender wird die Beziehung sein.

Situationen Typ 3: Sympathie gewinnen

In diesem Kapitel werden wir uns mit den Situationen befassen, die in mancher Hinsicht am schwierigsten sind. Während wir uns bei Situationen vom Typ *Recht durchsetzen* eigentlich nur auf unsere Forderung konzentrieren und diese dann immer wieder nach Art einer tibetanischen Gebetsmühle wiederholen können, ohne uns mit den Argumenten unseres Gegenüber zu befassen, müssen wir in den Situationen, um die es jetzt geht, sehr flexibel auf die Situation und auf das, was der andere sagt, reagieren. Solche Situationen können sein:

- *Kontaktaufnahme*: Sie gehen in ein Café und sehen dort eine attraktive Person, die Sie gern kennenlernen möchten.
- *Bevorzugte Behandlung*: Sie brauchen dringend einen neuen Personalausweis, erhalten aber die Auskunft, daß die Bearbeitung vier Wochen in Anspruch nehmen wird. Das dauert Ihnen zu lange, und Sie versuchen, den Beamten dazu zu bewegen, Ihren Antrag schneller zu bearbeiten.

Achtung! Sie haben keine Rechte!

Beiden Situationen ist gemeinsam, daß Sie dabei keinerlei Rechte auf Ihrer Seite haben – außer dem Recht zu *versuchen*, einen Kontakt anzuknüpfen bzw. den Beamten zu einer bevorzugten Behandlung zu bewegen. Ihr jeweiliges Gegenüber hat dagegen alle Rechte auf seiner Seite! Es kann auf Ihr Anliegen eingehen, kann Sie eine Weile zappeln lassen – und auch auf Ihr Anliegen überhaupt nicht eingehen.

Zum Erfolg können Sie in diesen Situationen nur dann kommen, wenn Sie es schaffen, bei dem anderen (der attraktiven Person bzw. dem Beamten) Sympathie zu wecken. Er wird dann auf Ihr Anliegen (freiwillig) eingehen, wenn er Sie nett und sympathisch findet.

Wie, zum Teufel, weckt man Sympathie?

Überlegen Sie jetzt einmal, was Sie alles tun können, um bei Ihrem Gegenüber den Eindruck von Sympathie hervorzurufen. Vielleicht fällt es Ihnen leichter, darüber nachzudenken, wenn Sie den umgekehrten Weg beschreiten: Überlegen Sie einfach, was Ihnen andere Leute sympathisch macht.

Kompetentes Verhalten Nr. eins: Lächeln

Eines der wichtigsten Dinge ist Lächeln! Haben Sie schon einmal bemerkt, welche Wirkung das Lächeln eines Babys auf die meisten Leute hat? Die Wirkung von lächelnden Erwachsenen ist gar nicht so sehr anders. Wir möchten Ihnen jetzt ein paar kleine Übungen vorschlagen:

Üben Sie das Lächeln!

Erste Übung:
Stellen Sie sich vor den Spiegel und lächeln Sie. Wenn Ihnen das schwerfällt, versuchen Sie, sich an etwas sehr Angenehmes zu erinnern, und versuchen Sie es noch einmal. Bemühen Sie sich, mit dem ganzen Gesicht zu lächeln. Benutzen Sie nicht nur die Mundwinkel, sondern beziehen Sie auch die Augen mit ein. Die Augen sind beim Lächeln ganz wichtig, denn daran unterscheiden die meisten Leute ein unechtes, aufgesetztes Lächeln von einem echten. Probieren Sie ruhig beides einmal aus und beobachten Sie den Un-

terschied. Üben Sie das bitte so lange, bis Sie ganz gezielt lächeln können. Beobachten Sie dabei auch einmal Ihre eigene Stimmung. In vielen Untersuchungen hat sich gezeigt, daß selbst ein willentlich aufgesetztes Lächeln auf das eigene Empfinden eine positive Wirkung hat.

Zweite Übung:
Probieren Sie das jetzt bitte einmal mit einer realen Person. Eine Gelegenheit kann z. B. sein: eine Fahrt mit Bus, Zug oder Straßenbahn, ein Fest, auf dem Sie einige der Anwesenden noch nicht kennen, oder etwas ähnliches. Suchen Sie Blickkontakt mit einer Person, die Sie noch nicht kennen, und beginnen Sie, leicht zu lächeln. Sie werden die Erfahrung machen, daß die allermeisten Menschen zurücklächeln. Manche werden allerdings vielleicht auch etwas verlegen sein. Auf jeden Fall werden Sie feststellen, daß Sie damit eine Wirkung hervorrufen.

Haben Sie zumindest die erste Übung jetzt wirklich durchgeführt? Vielleicht denken Sie, daß solche Übungen ja gar nicht so schlecht sind, daß Sie aber lieber dann so etwas machen werden, wenn die Gelegenheit günstig ist. Bedenken Sie jedoch (ich weiß das aus eigener Erfahrung nur allzu gut), daß das oft nur ein Argument dafür ist, erst einmal nichts zu tun, und auf der anderen Seite ist gerade das *bewußte, planmäßige* Herangehen für eine Verhaltensänderung ganz wichtig.

Textblock 3: Die Macht des Lächelns

Eines der berühmtesten Gemälde der Welt ist die *Mona Lisa* von Leonardo da Vinci. Seine Berühmtheit verdankt es zu einem wesentlichen Teil dem dargestellten geheimnisvollen Lächeln. Ein lächelndes Gesicht hat die Menschen schon immer fasziniert. Das liegt vielleicht auch daran, daß Lachen etwas spezifisch Menschliches ist. Zwar gibt es bei Affen in Form des Zähnebleckens eine Geste, die den Artgenossen Freundlichkeit signalisiert. Lachen im eigentlichen Sinne aber kann nur der Mensch.
Mittlerweile hat sich auch die Forschung intensiv mit dem menschlichen Lachen beschäftigt. Man hat festgestellt, daß lächelnde Menschen nicht allein als freundlichere und attraktivere Personen wahrgenommen, sondern auch als vertrauenwürdiger eingeschätzt werden.
Eine interessante Studie wurde dazu in den USA durchgeführt. Studenten wurden gebeten, über eine fiktive Kommilitonin zu urteilen, die in einer Klausur geschummelt habe. Die Hälfte der Versuchspersonen bekam ein Foto der Kommilitonin vorgelegt, auf dem diese lächelte, die andere Hälfte ein Foto, auf dem sie nicht lächelte. Im ersten Fall wurde das Vergehen milder beurteilt, obwohl beiden Gruppen bewußt war, daß im Ausmaß der objektiven Schuld kein Unterschied bestand.

Heute ist man in der Lage, mit speziell entwickelten Geräten die Muskelbewegungen des menschlichen Gesichts auf 1/50 Sekunde genau aufzuzeichnen. Mit Hilfe solcher Methoden läßt sich das menschliche Lächeln differenziert erfassen. Auf diese Weise kann man heute viele verschiedene Arten des Lächelns unterscheiden. Der Unterschied zwischen einem echten, spontanen Lächeln und einem künstlichen liegt z.B. darin, daß bei letzterem die Wangen nicht hochgezogen werden und um die Augen herum nicht diese kleinen Fältchen entstehen, die als »Krähenfüße« bekannt sind.

Kompetentes Verhalten Nr. zwei: Verstärken

Verstärkende Verhaltensweisen nennen die Psychologen solche Verhaltensweisen, die von dem jeweiligen Gegenüber als angenehm empfunden werden. Insofern gehört das Lächeln des vorigen Abschnitts eigentlich auch schon zu den verstärkenden Verhaltensweisen. Überlegen Sie jetzt einmal, welche Verstärker es in einer zwischenmenschlichen Kommunikation außerdem noch gibt. Dabei ist es wahrscheinlich hilfreich, wenn Sie sich gedanklich in eine Situation versetzen, in der Sie Ihren Gesprächspartner als sehr angenehm und wohltuend erlebt haben:

Verhalten 1: ______________________________

Verhalten 2: ______________________________

Alles ist sinnvoll, was das Selbstbewußtsein des Partners steigert, ...

Sicher sind Ihnen jetzt Verhaltensweisen eingefallen, die man zum *guten Zuhören* rechnet, z. B. Interesse zeigen, nachfragen, Blickkontakt, mit dem Kopf nicken oder »Hm« sagen, um anzuzeigen, daß man das Gesagte verstanden hat, das Gesagte mit eigenen Worten zusammenfassen (*reflektierendes Zuhören*) etc. Solche Verhaltensweisen bewirken, daß der andere sich angenommen und verstanden fühlt, und nebenher steigert sich durch sie auch die Sympathie für den Gesprächspartner. Auch *Komplimente machen* ist in diesem Zusammenhang eine wirksame Strategie. Oft ist daneben hilfreich, eigene Schwächen und Fehler zuzugeben. Mit einem Wort: Alles ist sinnvoll, was das Selbstwertgefühl des Interaktionspartners steigert.

Textblock 4: Verstärkungslernen

Das Lernen durch Verstärkung – auch *instrumentelles Lernen* genannt – ist bei Mensch und Tier eines der wichtigsten Lernprinzipien. Es wurde vor allem von den amerikanischen Psychologen *Thorndike* und *Skinner* untersucht. Als Versuchstiere dienten meistens Ratten und Tauben. Bei einem typischen Experiment wird eine Ratte in einen Käfig gesetzt, in dem sich ein Hebel befindet. Beim Erkunden des Käfigs wird sie irgendwann zufällig diesen Hebel drücken und erhält daraufhin eine Futterpille. Schnell wird sie den Zusammenhang »verstehen« und wiederholt den Hebel drücken. Das Futter – der Verstärker – erhöht die Häufigkeit des Hebeldrückens. Die Ratte hat das Hebeldrücken *gelernt*.

Futter und andere Belohnungen, die primäre biologische Bedürfnisse befriedigen, werden *primäre Verstärker* genannt. Man kann aber auch andere Reize mit diesen primären Verstärkern verknüpfen; dies sind dann *sekundäre Verstärker*. Der wichtigstes sekundäre Verstärker für den Menschen dürfte wohl das Geld sein.

Am wirksamsten ist die Verstärkung (und auch die Bestrafung), wenn sie möglichst unmittelbar auf das Verhalten folgt.

Wird das erlernte Verhalten nicht mehr verstärkt, wird dieses Verhalten allmählich verschwinden. Dieser Löschungsprozeß wird langsamer vonstatten gehen, wenn vorher *intermittierend* verstärkt worden ist. *Intermittierende Verstärkung* bedeutet, daß nicht jedes Auftreten des Verhaltens verstärkt wird, sondern beispielsweise nur jedes zweite oder dritte. Ein praktisches Beispiel für intermittierende Verstärkung sind z. B. Glücksspielautomaten, in denen die Gewinne oftmals nach ausgeklügelten Verstärkerplänen ausgeschüttet werden.

Verhalten kann nicht nur durch Hinzufügen einer Belohnung, sondern auch durch Wegnahme eines unangenehmen Reizes gelernt werden. So wird eine Ratte z.B. schnell lernen, beim Ertönen einer Glocke über eine Barriere zu springen, wenn sie damit einen elektrischen Schlag vermeidet (*negative Verstärkung*).

Im Prinzip kann Verhalten durch *Bestrafung* (Hinzufügen eines unangenehmen Reizes) auch verlernt werden. Bestrafung ist im Tierexperiment eine durchaus erfolgreiche Methode der Verhaltensänderung. Außerhalb der experimentellen Situation ist die Anwendung von Bestrafung jedoch problematisch, denn hier ist es in der Regel nicht möglich, jedes Auftreten des unerwünschten Verhaltens zu bestrafen – und eine nur gelegentliche Bestrafung kann schnell ais intermittierende Verstärkung wirken. Auch wird man in der Praxis oft nicht unmittelbar bestrafen können, sondern nur mit einer zeitlichen Verzögerung, was die Wirkung deutlich schmälert.

... vorausgesetzt, er glaubt Ihnen.

Alle diese Verhaltensweisen werden Sie nur dann Ihrem Ziel näherbringen, wenn Ihr Gegenüber Ihnen das Verhalten »abnimmt«. Hat Ihr Interaktionspartner dagegen den Eindruck, Sie spielten ihm nur etwas vor, um Ihr Ziel zu erreichen, wird er wahrscheinlich nicht auf Ihr Anliegen eingehen. Ohnehin dürfen Sie nie vergessen, daß Ihr Gegenüber alle Rechte auf seiner Seite hat und es daher nie eine Erfolgsgarantie gibt, auch dann nicht, wenn Sie sich perfekt verhalten.

Als nächstes wollen wir versuchen, das Ausgeführte, also alles, was der Verstärkung dienen kann, in die Praxis umzusetzen. Im folgenden finden Sie daher ein Situation, die Sie bitte innerhalb der nächsten zwei Tage herbeiführen und »durchstehen« sollten. Schauen Sie dabei auf die Uhr und kontrollieren Sie, wie lange die Unterhaltung dauert.

> Übung:
> Sie rufen eine/n Bekannte/n an, zu dem Sie sehr lange Zeit überhaupt keinen Kontakt mehr hatten. Fragen Sie zunächst, ob er/sie etwas Zeit für Sie hat. Sollte der/die andere gerade keine Zeit haben, vereinbaren Sie einen Termin, an dem Sie wieder anrufen. Im Gespräch versuchen Sie dann, Ihre/n Gesprächspartner/in zum Reden zu bringen. Fragen Sie nach, zeigen Sie Interesse, machen Sie Komplimente, wenn es in den Zusammenhang paßt, und versuchen Sie, sich ganz in die andere Person zu versetzen und nur zu verstehen, was der/die andere sagt, und mitzuteilen, was er/sie verstanden hat.

Haben Sie die Situation durchgeführt, beantworten Sie bitte noch ein paar Fragen:

1) Ist es Ihnen sehr schwergefallen, den Anruf zu tätigen?
2) Jetzt überlegen Sie sich die Dinge, die Sie dabei gut gemacht haben:

1.	
2.	
3.	

Zur Frage 1: (Ist es Ihnen sehr schwergefallen, den Anruf zu tätigen?) Sie haben diese Frage mit »Ja« beantwortet? Haben Sie dabei vielleicht ein schlechtes Gewissen gehabt, weil Sie das Gefühl hatten, eine andere Person zu manipulieren?

Viele Menschen haben mit solchen Situationen Schwierigkeiten – nicht weil Sie die dabei wichtigen Verhaltensweisen nur unzureichend beherrschen, sondern weil sie es aus ethischen Gründen nicht gutheißen können, andere Leute auf diese Weise zu »manipulieren«.

Wenn Sie auch zu diesen Menschen gehören, sollten Sie sich vergegenwärtigen, daß in jeder sozialen Interaktion *beide* Interaktionspartner von dem jeweiligen Gegenüber beeinflußt, also in gewissem Sinne »manipuliert« werden. Das ist das Wesen einer sozialen Interaktion! Den »schlechten Beigeschmack« bekommt dieser Vorgang für viele Menschen nur deshalb, weil die Beeinflussung bei dieser Art der Kommunikation bewußt und gezielt stattfindet. Ob Sie das angestrebte Ziel vor sich vertreten, also diesen Einfluß bewußt ausüben können, müssen Sie natürlich ganz allein entscheiden. Aber allein bei dieser Entscheidung, ob Sie das Ziel wirklich anstreben wollen, spielen moralische Erwägungen eine Rolle. Die Mittel, die Sie in dieser sozialen Interaktion einsetzen, sind dagegen an sich moralisch weder »gut« noch »böse«; denn gegen den Willen des Interaktionspartners können Sie ohnehin nichts erreichen.

Zur Frage 2: (Was haben Sie dabei gut gemacht?) Vielleicht ist Ihnen zuerst das eingefallen, was nicht so gut gelaufen ist. Den meisten Menschen geht das so. Dabei ist es ganz wichtig, daß Sie lernen, Ihr Augenmerk auf das zu richten, was Ihnen gut gelungen ist. Wie schon mehrfach (z. B. auf S. 21/22) ausgeführt, ist positive Verstärkung für eine effektive Verhaltensänderung viel wichtiger als Bestrafung, und das Hervorheben der kritikwürdigen Punkte wird als Bestrafung erlebt.

Kompetentes Verhalten Nr. drei: Etwas von sich erzählen

Die ganze Zeit haben wir davon geredet, wie wichtig das Zuhören ist, warum sollen wir jetzt plötzlich etwas von uns erzählen? Schon weiter oben haben wir ausgeführt, daß es in solchen Situationen durchaus sinnvoll ist, eigene Fehler und Schwächen zuzugeben. Auch damit erzählen wir ja etwas von uns selbst. Wichtig ist hier nicht, möglichst viel von sich zu erzählen (das wäre im Gegenteil ganz falsch), sondern wichtig ist die *gezielte Preisgabe von Informationen*. Ein Dialog – und das ist ja das erklärte Ziel – kann nur dann zustandekommen, wenn von *beiden* Seiten Informationen eingebracht werden.

Keine Angst vor einer Pause!

Besonders bei der *Kontaktaufnahme*, wenn Sie also zum ersten Mal mit jemandem sprechen, kann es wichtig sein, dem anderen gezielt Informationen zu liefern, damit das Gegenüber daran anknüpfen und vielleicht auch nachfragen kann. Hört man ausschließlich zu und gibt keinerlei Informationen von sich selbst preis, hat der andere – selbst bei bestem Willen – gar keine Chance, mit Ihnen in einen Dialog zu kommen.

Sinnvoll ist es hier also, kleine »Informationshäppchen« einzubringen und dann darauf zu achten, ob der andere etwas damit anfängt. Überhaupt nicht sinnvoll ist es dagegen,

in einen längeren Monolog zu verfallen. Manche Leute machen das, weil sie Angst haben, es könnte eine Pause entstehen. Pausen im Gespräch können aber ein durchaus kreatives Element sein. Beide Partner haben dann Zeit, über das Gesagte nachzudenken und sich zu überlegen, wie es weitergehen könnte. Haben Sie deshalb Mut zur Pause. Lassen Sie ruhig Ihren Interaktionspartner die Pause beenden.
Fällt es Ihnen sehr schwer, Gesprächspausen zu ertragen, sollten Sie es einmal ganz gezielt üben. Sie werden feststellen, daß die anderen meist sehr darum bemüht sind, diese Pausen zu überbrücken, und Sie eigentlich nur abwarten müssen.

Verkaufen

Situationen vom Typ *Sympathie gewinnen* können sein:

- *Kontaktaufnahme*-Situationen
- Situationen, in denen ich entgegen der Rechtssituation eine *bevorzugte Behandlung* möchte.

Hinzu kommt noch eine weitere Kategorie von Situationen, die wir bisher noch nicht behandelt haben, weil sie wahrscheinlich für die meisten nicht so sehr relevant ist und zudem bei vielen Menschen ein negatives Image hat. Wir meinen das *Verkaufen*.

Man verkauft nie nur ein Produkt, ...

Ein Verkäufer kann nur erfolgreich sein, wenn er es schafft, bei seinen Kunden Sympathie zu erzeugen. Der Kunde muß überhaupt nichts kaufen, er hat im Gegenteil alle Rechte auf seiner Seite. Deshalb ist ein guter Verkäufer in aller Regel auch ein guter Zuhörer, denn er weiß, daß er nur dann bei Ihnen den Eindruck hervorrufen wird, daß dieser Verkäufer »ja eigentlich ein ganz netter Mensch ist«. Ein guter Verkäufer hat gelernt, daß er in erster Linie sich selbst verkaufen muß. Die Vorzüge des Produkts sind längst nicht so

wichtig, wie die meisten Leute immer meinen. Sie sind wahrscheinlich sogar oft ziemlich unwichtig.
Machen Sie doch einmal einen Versuch: Überlegen Sie sich irgend einen höherwertigen Gegenstand, der Sie vielleicht interessieren könnte (Auto, Computer, Camcorder oder etwas ähnliches), gehen Sie in verschiedene Geschäfte und lassen Sie sich beraten. Lassen Sie sich aber auf keinen Fall zu einem Kauf überreden! Wenn Sie drei bis vier Beratungen hinter sich haben, bilden Sie eine Rangreihe der Verkäufer. Welcher hat Ihnen am besten, welcher am wenigsten gefallen?

... sondern immer sein Interesse an den Kunden.

Und dann überlegen Sie, was den guten und was den schlechten Verkäufer ausgezeichnet hat. Sie werden wahrscheinlich feststellen, daß der gute Verkäufer sich vor allem für Sie, für Ihre Wünsche, Vorstellungen und Bedürfnisse interessiert und nicht versucht hat, Ihnen die Entscheidung aus der Hand zu nehmen, während bei dem schlechten Verkäufer die Vorzüge seines favorisierten Produkts bei der »Beratung« im Vordergrund gestanden haben.

Sie werden jetzt vielleicht einwenden, daß die Vertreter, die in vielen Gegenden in Scharen an die Haustür kommen, diesem Bild eines Verkäufers meist ganz und gar nicht entsprechen. Sie verhalten sich in aller Regel aufdringlich und reden furchtbar viel. Damit haben Sie natürlich völlig recht. Solche Vertreter sind keine guten Verkäufer, sie haben auch keinerlei Interesse an einer langfristigen Kundenbindung, was das primäre Anliegen eines guten Verkäufers sein sollte. Vertreter verfolgen eher die Politik der »verbrannten Erde«, sie durchziehen ein Wohngebiet nach dem anderen, und ihnen ist es deshalb völlig gleichgültig, ob sie zufriedene oder unzufriedene Kunden zurücklassen. Das einzig wichtige Kriterium ist der Umsatz.

Gegenbeispiele bestätigen die Regel.

Auch wenn wir der Meinung sind, daß das Verhalten eines solchen Vertreters dem eines guten Verkäufers in keiner Weise entspricht, wird bei vielen Menschen das Bild des Verkäufers durch derartige Vertreter geprägt.

Instruktionen für selbstsicheres Verhalten

Ähnlich wie in den vorangegangenen Kapiteln wollen wir auch hier die wichtigsten Punkte zum Verhalten in Situationen vom Typ *Sympathie gewinnen* in einem Instruktionsblatt zusammenfassen:

Vor der Situation:

- Geben Sie sich selbst positive Instruktionen: »*Ich habe das Recht darauf, jemand anderen anzusprechen*«, oder: »*Es ist mein gutes Recht, einen Versuch zu machen …*«

In der Situation:

Die wichtigste Technik, um einen Sympathiegewinn zu erzielen, ist die allgemeine Verstärkung des anderen: interessiert zuhören, nachfragen, »Komplimente« machen, freundlich anlächeln, evtl. auch eigene Fehler und Schwächen zugeben. Hat man ein spezielles Ziel, kann man dann zur gezielten Verstärkung übergehen, d.h. jede Äußerung des anderen verstärken, die einen Schritt in Richtung der eigenen Position bedeutet.

Darüber hinaus gibt es für *Kontaktaufnahme-Situationen* noch einige Taktiken, die sich als hilfreich erweisen:

- Nehmen Sie Blickkontakt auf. Lächeln Sie!
- Konzentrieren Sie sich ganz auf die konkrete Soituation. Achten Sie auf die Dinge und Personen, die Sie hören und sehen. Die konkrete Situation liefert oft Themen für einen Gesprächsbeginn.
- Suchen Sie gezielt nach persönlichen Äußerungen Ihres Partners. Verstärken Sie diese Äußerungen und fragen Sie nach! Auf diese Weisen können Sie den Kontakt zunehmend persönlicher gestalten. Der Anfang wird fast immer eher oberflächlich sein.
- Erzählen Sie auch etwas von sich. Nur wenn Sie dem anderen Informationen über sich selbst liefern, geben Sie ihm auch Gelegenheit, Sie selbst und die Situation angemessen einschätzen zu können.

- Sollte der andere keinerlei Interesse an einem Gespräch zeigen, dann denken Sie daran, daß das sein gutes Recht ist und absolut nichts mit dem Wert oder der Attraktivität Ihrer Person zu tun haben muß!

Nach der Situation:
Verstärken Sie sich für jeden Versuch und für jeden Fortschritt, auch wenn er noch so klein ist! Denken Sie daran:

> Um Sympathie werben kann keine Garantie dafür sein, sie auch zu gewinnen!

Wir haben drei Arten von Situationen, in denen es darum geht, die Sympathie des Interaktionspartners zu gewinnen: die *Kontaktaufnahme*, die *bevorzugte Behandlung* und das *Verkaufen*. Nur wenn wir sympathisch wirken, werden wir in diesen Situationen eine reelle Chance haben, unsere Ziele zu erreichen.
Abschließend möchten wir Ihnen noch ein paar praktische Übungen vorschlagen. In der Tabelle auf S. 149 finden Sie ein paar Beispielsituationen. Wir möchten Sie bitten, sich jetzt eine dieser Situationen auszuwählen und diese innerhalb der nächsten Woche durchzuführen. Bitte nehmen Sie sich wirklich eine Situation vor und warten Sie nicht ab, was für andere Möglichkeiten sich vielleicht zufällig ergeben!
Haben Sie sich alle Situationen durchgelesen? Dann entscheiden Sie sich bitte jetzt für eine von Ihnen und tragen Sie hier ein.

> In der kommenden Woche werde ich Situation ... durchführen.

Ähnliche Praxisübungen waren auch schon in den vorhergehenden Kapiteln vorgesehen. Wenn Sie sie durchgeführt

Nr.	Situation	Instruktion
1)	Gehen Sie in ein Café (oder eine Kneipe) und lächeln Sie eine Person an ihrem Tisch (oder am Nebentisch oder an der Theke) an. Machen Sie dann eine Bemerkung, die ein Gespräch einleiten könnte.	Lassen Sie sich Zeit, schauen Sie zunächst alle Leute Ihrer Umgebung an und suchen sich jemanden heraus, der offenbar ohne Begleitung und Ihnen sympathisch ist. Am einfachsten ist der Gesprächsbeginn, wenn Sie auf etwas aus der konkreten Umgebung (oder dem aktuellen Geschehen) hinweisen.
2)	Rufen Sie bei einem Geschäft (oder einem Kino, Theater, Reisebüro oder etwas ähnlichem) an und erkundigen sich nach einem Produkt (einem Film, Theaterstück ...) und nach Preisen, Öffnungs-, Anfangszeiten etc.	Seien Sie freundlich, fragen Sie nach und zeigen Sie Interesse. Machen Sie ein Kompliment, wenn der andere sich informiert zeigt. Versuchen Sie, wirklich in ein Gespräch zu kommen. Bedanken Sie sich für die Auskünfte.
3)	Sagen Sie zu drei Leuten, die Sie bisher noch nie gegrüßt haben, »*Guten Tag*« (oder »*Guten Morgen*«, »*Guten Abend*« – je nach Tageszeit)	Lächeln Sie die Person, die Sie grüßen, freundlich an und beobachten Sie die Reaktion der Gegrüßten. Seien Sie nicht verzagt, wenn Sie den Gruß nicht zurückbekommen.
4)	Überlegen Sie sich etwas, wofür Sie einen Rat gebrauchen könnten (Haushalt, Arbeit, Auto oder etwas ähnliches). Fragen Sie jemand an Ihrer Arbeitsstelle oder aus der Nachbarschaft, mit dem Sie bisher wenig gesprochen haben, um Rat.	Achten Sie darauf, ob der Angesprochene freundlich reagiert, wenn Sie ihn ansprechen. Reagiert er freundlich, versuchen Sie das Gespräch etwas auszudehnen, ist er aber offensichtlich gerade im Streß, versuchen Sie, einen anderen Termin zu vereinbaren.
5)	Überlegen Sie sich etwas, das Sie nicht im Haushalt haben, das Sie aber unbedingt für einen bestimmten Zweck benötigen. Lassen Sie sich von einem Nachbarn aushelfen.	Kommt Ihnen der Nachbar freundlich entgegen, versuchen Sie, in ein Gespräch zu kommen.

haben, werden Sie jetzt keine Schwierigkeiten mehr damit haben. Aber vielleicht erscheint Ihnen ein solches Vorgehen, Verhalten bewußt zu üben, immer noch künstlich und »unnatürlich«. Wir möchten deshalb hier noch einmal darauf hinweisen, daß man Verhaltensgewohnheiten nur dadurch verändern kann, daß man sich ganz bewußt und gezielt anders verhält, daß man etwas Neues ausprobiert, daß man mit seinem Verhalten »experimentiert«.

Es hilft nichts, sich vorzunehmen: *»Ab morgen mache ich alles ganz anders.«* Viel sinnvoller ist es, sich kleine, triviale Situationen herauszusuchen und in diesen neue Verhaltensweisen einzuüben. Solche Situationen sollten auch nicht allzu bedeutungsvoll sein. Sie würden es sich selbst schwer machen und sich auch überfordern, wenn Sie für eine erste Übung eine ganz wichtige Situation auswählen würden (etwa ein Vorstellungsgespräch). Deshalb:

> Wichtig ist nicht, daß Sie sich aus den oben beschriebenen Situationen eine besonders schwierige aussuchen. Es kommt vielmehr darauf an, daß Sie sich überhaupt für eine entscheiden und diesen Vorsatz in die Tat umsetzen.

Wenn Sie eine Situation bewußt durchlebt und gestaltet, also »durchgeführt« haben, ist das – unabhängig vom Ausgang – ein großartiger Beginn. Auch wenn der Angesprochene sich nicht entsprechen Ihren Erwartungen verhalten haben sollte und vielleicht mürrisch und abweisend reagiert hat, mindert das nicht Ihre Leistung, den Versuch unternommen zu haben.

> Der Erfolg in Situationen vom Typ *Sympathie gewinnen* mißt sich nicht am Verhalten der Angesprochenen, sondern an Ihrem eigenen.

Anders als in Situationen vom Typ *Recht durchsetzen* haben Sie in diesen Situationen keine Machtmittel in der Hand, mit denen Sie den anderen zu etwas zwingen können. Auch wenn Sie sich in jeder Hinsicht perfekt verhalten, kann es passieren, daß der andere – aus welchen Gründen auch immer – sich nicht entsprechend Ihren Erwartungen verhält.

Haben Sie eine Situation durchgeführt, sollten Sie noch weitere – vielleicht auch schwierigere – angehen. Sie können dazu auf die oben aufgelisteten Vorschläge zurückgreifen, sich selbst Situationen ausdenken oder auch eine Gelegenheit beim Schopf packen, die sich zufällig ergibt. Sie sollten sich allerdings nicht überfordern und sich nicht zu viel vornehmen. Wenn Sie alle paar Tage eine Situation durchführen, ist das eine ganze Menge.

Mehrfach haben wir schon angeregt, eine Art Tagebuch zu führen. Wir möchten das an dieser Stelle noch einmal aufgreifen. Mit einem solchen Tagebuch haben Sie eine gute Kontrolle über Ihre Fortschritte.

Sie sollten immer, wenn Sie eine Situation bewußt gestaltet, also »durchgeführt« haben, die folgenden Fragen beantworten:

1)	Welche Situation habe ich durchgeführt?
2)	Wo und wann habe ich die Situation durchgeführt?
3)	Wie zufrieden bin ich mit meinem Verhalten (sehr zufrieden / weitgehend zufrieden / eher zufrieden / eher unzufrieden)
4)	Wie habe ich mich *vor* der Situation gefühlt?
5)	Wie habe ich mich *nach* der Situation gefühlt?
6)	Wie haben die (der) andere(n) reagiert?
7)	Welche Situation nehme ich mir als nächste vor?

Zusammenfassung: Es gibt nicht für jede Situation eine Übung

Wir sind jetzt am Ende der Übungen zu Situationen vom Typ *Sympathie gewinnen* angelangt. Die Beispielsituationen gehören alle zur Kategorie *Kontaktaufnahme*. Weder gab es Situationen der Kategorie *bevorzugte Behandlung* noch solche der Kategorie *Verkaufen*. Die Ursache hierfür liegt darin, daß sich derartige Situationen nur schwer gezielt herbeiführen lassen. Wenn Sie nicht im Vertrieb tätig sind, haben Sie normalerweise nichts zu verkaufen, und wenn doch, dann wird das ein eher einmaliges Erlebnis sein.
Schwierig ist es auch mit Situationen der Kategorie *bevorzugte Behandlung*. Hier müßten Sie sich selbst Situationen ausdenken. Möglichkeiten wären z.B.

1) Sie kommen zu Ihrem Auto und sehen, daß eine Politesse oder ein Polizist gerade eine Verwarnung schreibt. Versuchen Sie, sie/ihn dazu zu bewegen, davon abzusehen bzw. sie zurückzunehmen.
Das gelingt zwar nur selten, ist aber andererseits nach unserer Erfahrung auch nicht ganz aussichtslos.

2) Sie benötigen etwas von einer Behörde. Die normale Bearbeitungszeit ist in Ihrem Fall zu lang; Sie brauchen Ihren neuen Personalausweis (Reisepaß, Steuerbescheid etc.) schneller.

3) Sie bitten Ihren Chef um einen Gefallen, z.B. um einen zusätzlichen und außerplanmäßigen Urlaubstag.

4) Sie haben Ihr Portemonnaie vergessen, müssen aber dringend telefonieren. Sie sprechen einen Passanten an und bitten ihn, Ihnen drei Groschen zu schenken.

Wichtig ist bei all diesen Situationen, daß Sie immer daran denken: Der Angesprochene hat alle Rechte auf seiner Seite! Sie müssen also auf jeden Fall vermeiden, in eine Diskussion über die Rechtmäßigkeit Ihres Anliegens zu geraten. Sie müssen im Gegenteil deutlich zeigen, daß Sie sich darüber im klaren sind, keine Rechte zu haben, und daß es ganz im Ermessen des anderen liegt, ob er Ihnen einen Gefallen tut oder nicht. Sie müssen Ihr Schicksal sozusagen »in die Hände Ihres Gegenübers legen« und ihm dies auch mitteilen. Auch lange Erklärungen der Umstände, die Sie in diese Situation gebracht haben, sollten nur vorsichtig eingebracht werden und nur dann, wenn Sie merken, daß der andere sich dafür interessiert. Ihr Gegenüber darf nicht den Eindruck bekommen, Sie wollten sich rechtfertigen, denn das würde nur Widerstand hervorrufen.

Wenn Sie die Augen offen halten, werden Sie sicher bald – und häufiger, als Sie jetzt meinen – bemerken, daß Sie in Situationen vom Typ *bevorzugte Behandlung* bzw. *Verkaufen* kommen. Wir können Ihnen nur raten, Ihr eigenes Verhalten dann sorgfältig zu beobachten und später darüber nachzudenken, was sich verbessern ließe. Und denken Sie dabei nicht allein an die Ziele, die Sie erreichen oder verfehlen, sondern auch daran, wie Sie sich fühlen!

Schluß: Welche Situation gehört zu welchem Situationstyp?

Wir haben in den vorangegangenen Kapiteln drei verschiedene Situationstypen kennengelernt.

Es sollte deutlich geworden sein, daß jeder dieser Typen jeweils andere Verhaltensfertigkeiten erfordert, um kompetent bewältigt zu werden.

Sicher gibt es Gemeinsamkeiten jeder Kommunikation:

- Sie sollten Blickkontakt halten,
- deutlich Ihr Anliegen bzw. Ihre Bedürfnisse zum Ausdruck bringen,
- in der »Ich«-Form reden,
- Ihre Körperhaltung entspannen.

Innerhalb dieses Grundrasters aber stellt jeder Situationstyp unterschiedlichen Anforderungen.

Denken Sie noch einmal an die Situationen, die Ihnen in diesem Buch beschrieben wurden. Vielleicht ist Ihnen aufgefallen, daß die Übung mit den Groschen fürs Telefonieren sowohl im Kapitel über die Situationen vom Typ *Recht durchsetzen* auftaucht wie auch bei den Situationen vom Typ *Sympathie gewinnen*. Natürlich hat man in dieser Situation an sich kein Recht auf seiner Seite – ganz im Gegenteil hat der andere alles Recht darauf, sein Geld zu behalten. Trotzdem wird man hier mit einem Durchsetzungsverhalten in der Regel erfolgreich sein.

Manchmal sind verschiedene Verhaltensweisen denkbar.

Leider konnten wir noch nicht empirisch nachprüfen, ob in dieser Situation das Durchsetzungverhalten à la *Recht durchsetzen* oder das Verhalten nach der Devise *Sympathie gewinnen* mehr Erfolg hat. Ein Unterschied ist aber auch ohne Überprüfung unübersehbar. Der Angesprochene – derjenige, der die drei Groschen gibt – wird sich wahrscheinlich wohler fühlen, wenn der Bittende Verhalten vom Typ *Sympathie gewinnen* gezeigt hat. Er wird das Gefühl haben, das Geld gern gegeben, einem netten Menschen einen Gefallen getan und dafür Dankbarkeit und Zuwendung erhalten zu haben. Hat er das Geld dagegen aufgrund des Durchsetzungsverhaltens des Bittenden gegeben, wird vielleicht ein leichtes Unbehagen zurückbleiben, etwa in der Art: »*Da habe ich mich ja wieder überrumpeln lassen.*«

Daraus folgt, daß die Zuordnung der Situationen zu Situationstypen und damit zu bestimmten Verhaltenswertigkeiten streng genommen nicht aufgrund einer »Eigenschaft« der jeweiligen Situation erfolgt. Entscheidend ist vielmehr unsere Willensentscheidung. Und diese Entscheidung wird wiederum davon abhängen, welche Ziele ich verfolge. Wenn ich in meiner »Drei-Groschen-Situation« in erster Linie das Ziel verfolge, diese drei Groschen zu bekommen, ist es wahrscheinlich egal, ob ich sie als eine Situation vom Typ *Recht durchsetzen* oder als eine vom Typ *Sympathie gewinnen* ansehe. Habe ich aber daneben oder vorrangig das Ziel, den anderen zufrieden zurückzulassen, ist sicherlich die zweite Variante erfolgreicher.

Oft verderblich: Verhalten, das in einer anderen Situation angemessen wäre.

Dieses Beispiel ist natürlich trivial, und es ist nicht sehr bedeutsam, ob ich das eine oder das andere Verhalten einsetze. Es gibt aber viele Situationen, in denen dieser Unterschied sehr wichtig wird. Wir glauben z.B., daß viele Beziehungskonflikte darauf beruhen, daß einer der Partner (oder beide) nicht oder nur unzureichend in der Lage ist, das Verhalten zu zeigen, das in *Beziehungssituationen* angemessen ist. Stattdessen wird entweder Durchsetzungsverhalten eingesetzt oder ständig um Sympathie geworben. Beide Verhaltensweisen sind wenig geeignet, eine Beziehung aufzubauen bzw. aufrechtzuerhalten, die von Nähe, Ehrlichkeit und Zärtlichkeit geprägt ist.

Daneben gibt es natürlich auch Situationen, in denen man sehr genau überlegen muß, welche Ziele einem wie wichtig sind und welche Verhaltensweisen daher eingesetzt werden sollten. Ein Beispiel:

> Ein neuer Arbeitskollege hat Schwierigkeiten mit seiner neuen Aufgabe. Dieser Kollege ist Ihnen sehr sympathisch, es ist sogar inzwischen so etwas wie Freundschaft entstanden. Sie haben daher seine Fehler schon ein paarmal gedeckt. Sie befürchten aber nun, daß auf Dauer der gute Ruf Ihrer Abteilung darunter leiden könnte.

Wie verhalten Sie sich jetzt? Ist das eine *Beziehungssituation*? Wenn ja, müßten Sie mit dem Kollegen reden, seine Fehler weiterhin decken und versuchen, mit ihm zusammen eine Lösung zu finden. Wenn diese Situation für Sie allerdings zum Typ *Recht durchsetzen* gehört, müßten Sie dem Kollegen mitteilen, daß Sie ab sofort nicht mehr bereit sind, seine Fehler zu decken, und künftig Ihren Vorgesetzten informieren.

Abwägen, was man will und wann man es braucht.

Andere Situationen, bei denen die Zuordnung Schwierigkeiten macht, sind oft da zu finden, wo Abhängigkeiten eine Rolle spielen. Das Verhalten gegenüber Vorgesetzten liefert hierfür viele Beispiele. Manchmal kann es dort sinnvoll sein, auf »sein gutes Recht« zu verzichten, um beispielsweise das Betriebsklima nicht zu verschlechtern oder gar seinen Arbeitsplatz zu gefährden. Hier ist manchmal angeraten, statt dessen um Sympathie zu werben und zugleich »Angriffe« zu ignorieren. Aber dies ist eine Entscheidung, die oft nicht leichtfällt und gut überlegt sein will, denn man hat ja auch noch das Ziel, sein Selbstwertgefühl zu erhalten.
Man könnte also sagen, daß wir es eigentlich gar nicht mit drei *Situationstypen* zu tun haben, sondern mit drei *Verhaltensklassen:*

Durchsetzungsverhalten,
Beziehungsverhalten und
um Sympathie werben.

Welches Verhalten in welcher Situation sinnvoll ist, müssen Sie jeweils Ihren Zielen entsprechend entscheiden. In aller Regel wird es so sein, daß das dem jeweiligen Situationstyp entsprechende Verhalten (also z.B. Durchsetzungsverhalten in Situationen vom Typ *Recht durchsetzen*) den größtmöglichen Erfolg bringen wird, aber von Fall zu Fall kann das auch einmal anders aussehen, je nachdem, welche Ziele Sie sich setzen.

Letztes Kriterium: Ihre Ziele.

Einen ähnlichen Zusammenhang zwischen Zielen und Verhalten haben wir schon auf S. 63–77 im Zusammenhang mit der Unterscheidung zwischen aggressivem, selbstsicherem und unsicherem Verhalten dargestellt. Auch bei aggressivem Verhalten ist klar, daß es dann sinnvoll und effektiv ist, wenn ich das Ziel habe, mein Gegenüber zu verletzen.
Das wichtigste Kriterium für die Entscheidung, welches Verhalten in welcher Situation eingesetzt werden sollte, stellen also Ihre eigenen Ziele dar. Nun gibt es aber in den allermeisten Situationen nicht nur ein Ziel, sondern mehrere, und zudem noch kurzfristige und langfristige, die sich mitunter ausschließen. Wenn Sie Ihrem Chef z.B. endlich einmal sagen, was für ein inkompetenter Mensch er in vieler Hinsicht ist, und dabei vielleicht noch etwas aggressiv werden, haben Sie damit ein kurzfristiges Ziel perfekt erreicht. Sie werden sich wohlfühlen und erleichtert sein. Langfristig werden Sie dadurch vielleicht Ihren Arbeitsplatz verlieren. Sie hätten also Ihr langfristiges Ziel verfehlt – immer vorausgesetzt, Sie hätten das Ziel, Ihren Arbeitsplatz zu behalten.

Kompetentes Verhalten bedeutet also auch, daß man in der Lage ist, sein Verhalten an den *langfristigen Konsequenzen bzw.* Zielen auszurichten.
Da wir nun zum Ende dieses Buches kommen, ist es an der Zeit, den Test, den Sie am Anfang unserer Übungen (hoffentlich!) schon einmal ausgefüllt haben, zu wiederholen. Bitte beantworten Sie die folgenden Fragen noch einmal:

		Trifft nicht zu					Stimmt völlig				
1	Ich habe häufig Angst, etwas falsch zu machen.	0	10	20	30	40	50	60	80	90	100
2	Ich habe Schwierigkeiten, »Nein« zu sagen.	0	10	20	30	40	50	60	80	90	100
3	Meistens gelingt es mir nicht, meine Forderungen durchzusetzen.	0	10	20	30	40	50	60	80	90	100
4	Ein Fest, auf dem ich niemanden kenne, ist für mich eine sehr schwierige Situation.	0	10	20	30	40	50	60	80	90	100
5	Wenn ich mich Forderungen oder Bitten von anderen verweigere, habe ich ein schlechtes Gewissen.	0	10	20	30	40	50	60	80	90	100
	Summe der Punkte										

Jetzt vergleichen Sie Ihre Punktzahl mit der von S. 62. Sind es weniger Punkte geworden? Dann können wir gratulieren. Sind es mehr Punkte geworden, oder hat sich nichts verändert? Vielleicht sollten Sie zunächst noch einmal überprüfen, ob Sie die Fragen wirklich ehrlich beantwortet haben?

Es gibt noch eine weitere Erklärung für eine höhere Punktzahl. Ein Problem bei solchen Fragebogen besteht darin, daß man sich mit dem eigenen Verhalten beschäftigt und sich genauer wahrnimmt. Für obigen Fragebogen würde das bedeuten, daß der Punktwert sich schon aufgrund der dadurch eingetretenen Sensibilisierung erhöht haben kann.

Sie sollten also Ihr »Testergebnis« nicht zu streng bewerten – vielmehr sollten Sie es als Aufforderung betrachten, einige der Übungen noch einmal durchzuführen.

Wir wünschen Ihnen viel Erfolg!

Anhang

Literatur

Beck, A.T.: Liebe ist nie genug. Mißverständnisse überwinden, Konflikte lösen, Beziehungsprobleme entschärfen. dtv München 1988

Beck, A.T., Freeman, A. et al.: Kognitive Therapie der Persönlichkeitsstörungen. Psychologie Verlags Union Weinheim 1993

Damasio, A.R.: Descartes' Irrtum. Fühlen, Denken und das menschliche Gehirn. List Verlag München 2. Aufl. 1996

Dörner, D.: Die Logik des Mißlingens. Strategisches Denken in komplexen Situationen. Rowohlt Verlag Reinbek 1989

Dörner, D. und Selg, H. (Hrsg.): Psychologie. Eine Einführung in ihre Grundlagen und Anwendungsfelder. Kohlhammer Verlag Stuttgart 1985

Ellis, A. und Grieger, R.: Handbook of Rational-Emotive-Therapy. Springer Verlag New York 1977

Hautzinger, M. (Hrsg.): Kognitive Verhaltenstherapie bei psychischen Erkrankungen. Quintessenz Verlag München 1994

Hinsch, R. und Pfingsten, U.: Das Gruppentraining sozialer Kompetenzen (GSK), Psychologie Verlags Union Weinheim 3. Aufl. 1997

Laux, L. und Weber, H.: Emotionsbewältigung und Selbstdarstellung. Kohlhammer Verlag Stuttgart 1993

Mahoney, M.J.: Kognitive Verhaltenstherapie. Pfeiffer Verlag München 1977

Meichenbaum, D.: Kognitive Verhaltensmodifikation. Urban & Schwarzenberg Verlag München 1979

Pfingsten, U: Soziale Durchsetzung. Konsequenzen von unsicherem, kompetentem und aggressivem Verhalten. Profil Verlag München 1984

Pfingsten, U.: Klinische Psychologie: Ein Grundriß. Urban Verlag Stuttgart 1985

Sutherland, S.: Das menschliche Bewußtsein. Christian Verlag München 1982

Watzlawick, P., Beavin, J.H. und Jackson, D.D.: Menschliche Kommunikation. Huber Verlag Bern 1969

Yalom, I.D.: Theorie und Praxis der Gruppenpsychotherapie. Ein Lehrbuch. Pfeiffer Verlag München 3. Aufl. 1995

Ziesing, F. und Pfingsten, U.: Selbstveränderung. Verhaltenstherapie selbst erfahren. DGVT-Verlag Tübingen 1994

Stichwortverzeichnis